交谈小修炼，
人生大转变

蔡景仙　编著

吉林文史出版社
JILIN WENSHI CHUBANSHE

图书在版编目（CIP）数据

交谈小修炼，人生大转变 / 蔡景仙编著. -- 长春：吉林文史出版社，2019.9（2021.9重印）

ISBN 978-7-5472-6476-8

Ⅰ.①交… Ⅱ.①蔡… Ⅲ.①心理交往－语言艺术－通俗读物 Ⅳ.①C912.13-49

中国版本图书馆CIP数据核字(2019)第161377号

交谈小修炼，人生大转变

JIAOTAN XIAO XIULIAN RENSHENG DA ZHUANBIAN

编　　著　蔡景仙
责任编辑　王丽环
封面设计　韩立强
出版发行　吉林文史出版社有限责任公司
地　　址　长春市净月区福祉大路5788号
网　　址　www.jlws.com.cn
印　　刷　天津海德伟业印务有限公司
版　　次　2019年9月第1版　2021年9月第2次印刷
开　　本　880mm×1230mm　　1/32
字　　数　145千
印　　张　6
书　　号　ISBN 978-7-5472-6476-8
定　　价　32.00元

前　言

一个人是否能展示才华，他将拥有什么样的人生，在很大程度上取决于他说话的能力。所以，成为一个会说话的人，或许是生命中最基本，也是最重要的一件大事。

著名的寓言大师伊索年轻时曾经给一个贵族当奴仆。有一天，这位贵族想设宴，宴请城中的达官贵人。于是他传下话去，让伊索准备最好的酒席，伊索听后就四处收集各种动物的舌头，办了一个"舌头宴"。用餐时，贵族大吃一惊，忙问伊索是怎么一回事，伊索笑着说："我尊敬的主人，你吩咐我为这些高贵的客人办最好的菜，而舌头是引导各种学问的关键，对于这些名士、贵族们来说，'舌头宴'不是最好的菜吗？"客人们听后，个个都发出由衷的赞叹和笑声。贵族也为伊索的机智表示赞许，又吩咐他次日准备一次最差的酒宴。伊索应声赶紧下去准备，谁知次日开席上菜时仍是舌头。这次贵族勃然大怒，伊索却不慌不忙地说："难道一切坏事不是从人口中出来的吗？舌头既是最好的，也是最坏的东西啊！"贵族听后无话可说。

虽然这只是个古希腊流传下来的故事，却说明了一个很重要的道理：说话对于人们有着不可估量的作用。

善于说话的人，可以流利地表达自己的意图，也能把道理说清楚、动听，使别人乐意接受。有些人口若悬河；有些人出口成章；有些人豪言壮语；还有些人信口雌黄、搬弄是非。在说话的背后，体现了一个人全部的品格、修养、才学和城府。言语是思想的衣裳，在粗俗和优美的措辞中，展现不同的品格，在不知不觉，有意无意间为别人描绘自己的轮廓和画像。

　　要想成为一个会说话的人并不难，口才不是先天造就的，完全可以通过自我训练来提高。《交谈小修炼，人生大转变》从提高口头表达能力出发，归纳、总结各种说话技巧，这些技巧涉及生活的不同方面，明确地阐述了如何掌握说话的艺术，如何让自己的话深入人心，以达到别人对自己赞同和认可的目的。本书案例性强、实用性强，读毕此书，你一定能从中学到许多说话的技巧，并成为世界上最会说话的人，获得开启成功之门的一项资本。当然，尽管我们积极探索，但难免存在问题，恳请读者朋友们指正。

目　录

第一章

会说场面话，走遍天下都不怕

　　许多有才华的人害怕说话，尤其是当众说话。当众说话，把握开头是关键。会说话的人，都善于妙语开场，不但能烘托一种轻松的氛围，也会将大家的注意力聚焦到自己身上。他们通过简短的几句话，就会给人留下深刻的印象：谈吐优雅，有品位，亲和力强。

练就三板斧，说好开场白

俗话说："好的开端是成功的一半。"这句话对我们与人说话交往同样适用。与人交往时说好前三句话，会给你带来意想不到的结果，因为人们在听别人说话时的前几分钟最容易被吸引，正如卡耐基所说："开场白是讲话者向听众最先发送的信息，它如戏曲演出前的开场锣鼓，直接影响听众的心态。"

人的一生当中会碰到无数人，有你认识的，有你不认识的。其中更多的是由不认识到认识的朋友。你要想把这些陌生人都变成你的朋友、你的顾客、你的支持者，初次见面的开场白起着重要的作用。最普通的开场白是："请问先生贵姓？"在知道了别人的姓名之后，你还可以问："XX 先生，请问您的名字是哪几个字？"这话的适用面广，既表现出你的礼貌，又表现出你对对方的重视，一般人都喜欢。

在一些特殊场合里的开场白就要好好琢磨琢磨。

北京市劳动模范、百货大楼优秀售货员张秉贵曾在《柜台语言很重要》一文中谈到过自己改进服务用语的过程：起初，他见到顾客走进商店就问："同志，您要买点什么？"有的顾客反问他："不买东西就不准瞧瞧吗？"他觉得自己说的话有些不妥，以后便改口说："同志，您要点什么？"有的顾客又和他开玩笑说："我什么都要，你给吗？"他又被说得哑口无言，于是便反复琢磨，仔细推敲，他终于想到了一句适当的开场用语："同志，您想看看什么？"这句开场白就显得恰如其分，顾客都挺满意，接下来展开的谈话也就顺利多了。

可见，开场白说得漂亮，整个说话的气氛都会随之好起来。所以，为了争取到更多人的好印象，我们都应学习一些开场白的技巧。在名人的演讲中，不乏一些经典的开场白，我们平时在一些场合也可以借鉴其中的精华，化为己用。

一般来说，成功的开场白有以下几种常见的形式：

1. 以提问开场

心理学家认为，在问题提出以后，几乎所有人都会去思考，想回答的条件反射能促使听众的注意力得到迅速的集中，因为他们都会等着用你说出的答案去验证自己的判断。因此，以提问为开场白最容易引起听者的注意。当然，你所提出的问题不能过于简单，最好是能引人思考，所回答的内容也应是发人深省或者让听者有所收益的。当然，如果是一句出人意料的问话也不失为一种好方法。

一位著名学者应邀到比萨大学向意大利同人做学术报告，众所周知比萨大学是著名物理学家伽利略的母校，这所大学的听众又都是些著名专家教授，要想使听众完全赞同是不容易的。来之前，这位学者已经做了充分的准备，当他走上讲坛时，用英语讲了第一句话："请问诸位，你们希望我用英语讲，还是用法语讲?"这句开场白大大出乎听众的意料，既别出心裁，又侧面表现出他的博学，寂静的大厅顿时活跃起来，这位学者也给大家留下了良好的第一印象。

2. 以动作开场

有些演讲，会场秩序往往比较差，听众不专心，有时还会吵吵闹闹，在这种气氛下进行演讲，可想而知其效果一定不好，而此时如果大喊一声"安静一下，现在开始……"却又显得土里土气。遇到这种情况，怎样做效果最好呢?

有一位中学老师面对此种情况时是这样做的：背对骚动的学生，在黑板上写出学生的名字，大家猜不出发生了什么事，便会逐渐停止喧哗，将注意力都集中到了黑板上，教室顿时安静下来。这时，老师就可以放心地开始讲课了。

3. 以故事开场

一般人都喜欢听故事，尤其是精彩的故事。所以，如果说话时以一个有趣的故事开始，就能引起人们的兴趣，一下子抓住听众的心，有时甚至能起到把握全局的作用。

卡耐基曾发表过多次演讲，其中有一次是这样开始的："就在我大学刚毕业之后，一天晚上我在一条街上走着，突然看见一个人站在一只箱子上对着人群讲话。我很好奇，所以也加入人群去听。我走近一看，吃了一惊，原来那个人在……"卡耐基的这个讲演很成功。

开头引用故事时要注意，所选的故事情节要有起有伏；或真实有说服力，或有所暗指；要生动，有感染力。

4. 以名人名言开场

引用名人名言为开场白也是不错的选择。心理学研究发现，公众普遍具有崇拜权威（名人）的共同心理。名人的话对听众来说总是具有一种特殊的魅力，容易将听众的注意力集中起来。

为纪念鲁迅先生诞辰，某校举办学术报告会，当时天气很冷，寒风从窗口吹进礼堂，刚落座的听众无法安静下来，纷纷议论着寒冷的天气。这时主讲人说道："鲁迅先生生前曾经说过，愿中国青年都摆脱冷气，只是向上走……今天，我们先要摆脱了会场上的冷气，才无愧于鲁迅先生的殷殷期望。"

这句名言一出口立即赢得了持久热烈的掌声，主讲者顺势便开始了正式的演讲。

5. 以自嘲性语言开场

以自嘲性语言开场最大的好处是，能一下子拉近与听众间的距离。自我贬抑并不会使自己的形象受损，反而更能表现出演讲者的坦率幽默，机智随和。用这种方法做开场白，往往能博得听众的掌声。

即兴发言，要告别"安全模式"

有时候，在出席一些场合时，我们会被要求站起来讲几句话。每每如此，我们会感到措手不及，不知该讲些什么，往往为了安全起见，会说一些大家耳熟能详的客套话，没有任何出彩之处。有人会觉得，被要求即席讲话，就像"赶鸭子上架"。

其实，即席讲话是展示随机应变能力与分析总结问题水平的大好时机。精彩的发言，可以收到"一石激起千层浪"的效果，令听众动容，特别是领导者，可以借此树立起个人的威信，令下属生出由衷的钦佩之情。

1. 做好准备

有些管理者认为即席讲话就是临场发挥，不需要做什么准备，一上来便先"啊"一阵儿，然后便是"今天我本来不打算讲，既然让我说，我就随便讲几句话"，随后便侃侃而谈，既无话题，又无观点，简直是没话找话说，短话长说。人们会问"他到底在干什么?"虽然是即席发言，仍可以做准备。一般来说会议的议题会事先通知管理者，某些相关资料也会发到其手上，这些都为发言划定了范围，对要讨论的内容心中有数，就不至于闹出南辕北辙的笑话。

2. 明确话题

管理者在开口前，略加思索，尽可能选择合适的话题，这对即席讲话的成功是十分重要的。在讲话的全过程中，围绕话题展开，就不会信口开河，前言不搭后语。选择话题，总的来说要审时度势，紧扣会议主题，根据会议进行的情况合理取舍。

3. 实事求是

"实事求是"是即席讲话的一个基本原则，作为管理者说话要尊重事实，保证自己选用的材料都是翔实、准确的，才能获得听众的信任，收到预想的效果。

4. 言简意赅

即席讲话时间都不长，多则五六分钟，少则两三分钟；内容相对集中，一次只说一个问题，力求说深说透。许多人并不明白精练的重要性，几分钟可以讲完的内容偏要洋洋洒洒地谈上半天，如同温斯顿·丘吉尔对他儿子兰道尔夫的性格所做的评价一般："他空有一门大炮，却没有多少弹药。"只要把自己想要表达的意思说清楚、讲透彻，不必长篇大论，一样会给人留下深刻的印象，这正是"言简意赅"的精妙所在。

5. 通俗易懂

讲话要让人听懂，这是对发言者的基本要求。讲话人若是板着脸孔，卖弄辞藻，用一些艰涩的语汇和听众捉迷藏，只会令听者敬而远之。这样的讲话无异于浪费时间，在讲话过程中，力求用最通俗易懂、生动形象的语言来表达自己的意思，这样，听众觉得很轻松很亲切，而发言者所讲的道理也易于被人们理解和接受。

6. 先声夺人

管理者发言，能不能一开始就抓住听众，往往决定着整个讲话的成败，好的开场白就像一个出色的导游，一下子就可以把听众带入讲话者为他们拟设的情境；好的开场白是演讲人奉献给听众的一束多姿多彩的花朵；好的开场白最易打开局面，便于引入正题。因此，开场白应尽量避免平铺直叙、平庸无奇，而要努力做到不落俗套，语出惊人，这样才能出奇制胜，先声夺人。

缩短心理距离，一句话就够了

在我们和客户的交往中，双方也存在着一定的心理距离。心理距离越大，对双方的沟通和理解影响越大。因此，在交往开始，应用亲近巧妙的话语来缩短双方的心理距离。只有让客户先从心理上认可了你，才会倾听你介绍产品，进一步和你沟通互动。

因为和客户是初次交往，因此要拉近和他们的距离就需要在短时间内用三言两语就让客户认可你。既然时间紧，就需要话语简练，表达得体。

一般来说，业务员常常采用以下几种方式和客户拉近距离。

1. 攀亲认友

对一个素不相识者，如果能在初次交往时及时拉上这层关系，就能一下缩短心理距离，使对方产生亲切感。当然，这种攀亲认友也许确实存在或明或隐、或近或远的亲友关系，也许就是随机应变，随口而出的。

在《三国演义》中，鲁肃跟诸葛亮初次见面时的第一句话是，"我是你哥哥诸葛瑾的好朋友。"就凭这一句话就使交谈双方心心相印，为孙权跟刘备结盟共同抗击曹操打好了基础。

当然，你和客户相距十万八千里，在亲情上更是八竿子打不着。因此，这种攀亲就要巧妙地找到第三者。只要第三者与你有一定的联系，你就可以攀上，而不至于牵强附会了。

比如，在1984年美国总统里根访问上海复旦大学时，里根面对初次见面的复旦学生，就紧紧抓住彼此之间是"朋友"的关系拉近了距离。他是这样开场的："其实，我和你们学校有着密切的关系。你们的谢希德校长同我的夫人南希，都是美国史密斯学院的校友。照此看来，我不仅和你们的校长，就是和各位也都是朋友了！"

短短的两句话瞬间就使复旦学生把这位初次见面的总统当作十分亲近的朋友。

当然，业务员交往的客户很多，不可能都找到如此凑巧的关系。如果你和对方甚至对方的亲戚间也没有什么可以挂上关系的，也可以从姓氏、体貌特征等方面来攀认一番。比如，你和客户姓氏相同，就可以惊喜地说："哇，原来咱们是一家子，自己人就不见外了。"

再如，你和客户长相或者体态上有些相似，也可以借机拉近距离。你可以这样说："你看咱们两人连长相都相似，真是有缘分啊！"这样说，也会瞬间缩短彼此心理上的距离感。

2. 表达友情

除了攀亲认友外，你还可以用三言两语恰到好处地表达你对客户的友好情意，或肯定其成就，或赞扬其品质，这些言语都会顷刻间暖其心田，使对方有一见如故、欣逢知己之感。如一位业务员拜访一位厂长时，看到他竟然爱好书法，就由衷地夸了几句，这位厂长立即就把他看作知己一样。

还有一种情况是，当你去拜访约好的客户时，他们的生活突然遭到了意外的变故。如果客户不幸遇到了生活的打击，此时可以先表达对其处境的同情、心情的理解等，这样客户也会有他乡遇故知、雪中送炭的温暖感觉。

在美国爱荷华州某市的电台，有一个很受欢迎的服务项目——全天候电话聊天。这个节目的推出满足了那些孤单寂寞者倾诉的愿望。当然，最令他们感到温暖的是主持人开头的第一句话："今天我也和你一样感到孤独、寂寞、凄凉。"这句话表达的是对他们的充分理解之情，因而使听众产生了强烈的共鸣。他们忍不住要向这位理解自己的朋友倾诉。

3. 添趣助兴

除了以上在亲情友情上和客户拉近心理距离外，如果在短时间内能用风趣活泼的话语解除客户的防卫心理，这也是一种炉火纯青的交际艺术。

一位推销钢材的业务员去拜访某房地产公司的前期项目主管前得知这位主管姓庞，因此在见面时他亲切地握住对方的手说："你负责这样庞大的工程，真是名副其实啊！肯定不会辜负厚望。"一句话把该主管说得脸上乐开了花。

不论运用何种方式，如果能够让相距十万八千里、初次交往的客户与你一见如故，这是成功推销的理想境界。无论是谁，如果具有这种令陌生客户一见如故的本领，迅速缩短彼此之间的心理距离，就会朋友遍天下，做生意就会得心应手。

创造一见如故的氛围

美国前总统里根曾经到复旦大学礼堂发表演讲，面对一百多位师生代表，里根总统在开始正式演讲之前，说道："来华之前，我碰到一位你们复旦大学的留学生，她要我代她向谢希德校长问声好。"随即，他转向谢校长说："现在，这个口信带到了，请您打个电话告诉那位女同学，她的电话号码是……"

里根总统话音未落，就立刻博得了全场热烈的掌声。一位美国总统，竟如此认真负责地替一位普通的中国留学生带口信问候她的校长，而且还居然记住了她美国宿舍的电话号码！

我们生存在社会中，无可避免地要同一些陌生人打交道。初次见面的开场白很重要。好的开场白给人亲热、友善、贴心的感觉，能够很快消除彼此间的陌生感，拉近彼此的距离。与人交往时，第一句话往往就能决定交谈的深度。一句动听的开场白，很可能使双方成为无话不说的知己；一句不入耳的话，很可能破坏交谈气氛，失去结交朋友的机会。说好开场白至关重要，它是一把打开陌生人心扉的钥匙，更是一张登堂入室的门票。

在一些场合，许多人我们从未谋面，初次见面，说话不能问个好就没有回音了，这样达不到社交的目的。说话就要懂得开好头，开启适当的话题，这样才能打开局面。

最常用的方式就是攀认式，例如攀亲友、攀老乡等。生活在社会中，每个人都会有自己的关系网，只要彼此留意，就能够发现双方往往会有着这样或者那样的交叉点，找到了交叉点，就能迅速消除陌生感。

菲律宾前总统科阿基诺在访问中国时，首先抵达的不是北京，而是沿着有中国血统的菲律宾人当年走过的路线，直奔祖籍福建省龙海县鸿渐村。在那里，她拜访叔叔、祭祀祖宗，与乡亲攀谈。她对乡亲们深情地说："我来中国不仅是为了国事，也是为了个人家事，因为我既是一国首脑，在某种意义上来说又是这个村庄的女儿。"女儿回娘家，娘家自然待以百倍的热情。科阿基诺的重访故里，为其成功访问北京拉近了感情距离。

攀亲拉故就像是一把钥匙，能打开两个人之间沟通的那扇门，不止现代人如此，就连古人都善于运用这种方法来拉近两个人之间的距离。赤壁之战中，鲁肃见诸葛亮的开场白是："我，子瑜友也。"子瑜，就是诸葛亮的哥哥诸葛瑾，他是鲁肃的忘年之交。短短的一句话就拉近了鲁肃跟诸葛亮之间的关系。

"你是南开大学室内设计专业毕业的？我也是，你是哪一届的，应该是我师哥吧？"既然是校友，又是同一个专业，陌生感自然就减少了很多。

"你也是杭州人啊，真是老乡见老乡，两眼泪汪汪啊！听到这熟悉的乡音，真让我激动啊！"这种初次见面互相攀认式的谈话方式，很容易搭起陌生人之间谈话的桥梁，使人在短时间内产生一见如故的感觉，从而给对方留下良好的第一印象。

敬慕式的谈话方法给人一种贴心的感觉。对陌生人的才华、能力表示敬重、仰慕，这是热情有礼的表现。不过要注意掌握分寸，敬慕要恰到好处，不能胡乱吹捧，否则会让对方产生厌恶感。

"您的作品我曾拜读过多次，从中学到了很多东西，可谓受益匪浅！没想到今天竟能在这里见到您，真是荣幸之至啊！"

"'桂林山水甲天下'，我一直渴望去桂林一饱眼福呢，很高兴能认识您这位桂林的朋友。"

"以前只在电视和杂志上见到过您的美貌，今天能一睹您的芳容，真是明白了何为倾国倾城啊！"

真诚的问候给人一种亲切、友善的感觉。问候是生活中不可或缺的要素，好的问候能快速拉近陌生人之间的距离。一句问候语往往包含了三层含义：我把尊重送给你；我把亲切送给你；我十分珍惜我们之间的友谊。

"万事开头难"，和陌生人交往时，说好第一句话也是一件不简单的事情。这句话要传递出你的热情、友善，并且能激起对方的谈话兴趣。这就为顺利进行交流奠定了良好的基础。

当然，说好第一句话，并不只局限于与陌生人的交往中，还要渗透到朋友、夫妻、亲人交往之中，这样可增进友情、巩固爱情、温暖亲情。

几乎每个人都喜欢别人看到并赞美自己的长处。那么，初次见面交谈时，我们应该投其所好，以直接或间接的方式指出对方的长处并赞扬一番，这样的开场白能使对方高兴，从而对你产生好感，进而激发交谈的积极性；反之，倘若总是有意或无意地触及对方的短处，伤及对方的自尊心，交谈的效果便可想而知了。

被誉为"销售权威"的霍依拉先生有自己独特的交际诀窍：初次交谈一定要扬人之长，避人之短。一次，为了拉广告，他前去拜访梅伊百货公司总经理。寒暄之后，霍依拉突然开口问道："您是在哪儿学会开飞机的？总经理居然能开飞机，可真不简单啊。"话音刚落，总经理就兴奋起来，谈兴大发，广告之事当然不在话下，霍依拉还被总经理热情地邀请去乘他的自备飞机呢！

俗话说："酒逢知己千杯少，话不投机半句多。"有的人相处一辈子却形同陌路，而有的人却一见如故。好的开场白能够使两个萍水相逢的人在短暂的时间内达到心灵上的共鸣，从而把谈话轻松愉快地进行下去。

要善于说祝贺的话

祝贺是人际交往中常用的一种交往形式，一般是指对社会生活中有喜庆意义的人或事表示良好的祝愿和热烈的庆贺。通过祝贺表示你对对方的理解、支持、关心、鼓励和祝愿，以抒发情怀，增进感情。

祝贺语从语言表达形式看可以分为祝词和贺词两大类。

祝词是指对尚未实现的活动、事件表示良好的祝愿和祝福之意。比如重大工程开工、某会议开幕、某展览会剪彩要致祝词；前辈、师长过生日要致祝寿词；参加酒宴要致祝词；等等。

贺词是指对于已经完成的事件、业绩表示庆贺的祝颂。比如毕业典礼上，校长对毕业生致贺词；婚礼上亲朋好友对新郎新娘致贺词；对于同事、朋友取得重大成就或获得荣誉、奖励致贺词，等等。

祝贺要注意以下两点：

1. 祝贺要注意场合

一般说，祝贺总是针对喜庆意义的事，因此，不应说不吉利的话和使人伤心不快的话，应讲一些喜庆、吉祥、欢快的话，使人快慰和振奋的话。如言辞与情绪不合场合，就必定要碰壁。

鲁迅在散文《立论》中讲到这样一个故事：一户人家生了个男孩，合家高兴透顶。满月的时候，抱出来给人们看，自然是想得到一点好兆头，客人们众说纷纭。一个说，这孩子将来会发大财的；一个说，这孩子是要做大官的。他们都得到了主人的感谢。只有一个人说："这孩子将来是要死的。"虽然他说的是必然，但还是遭到大家一顿合力的痛打。从讲话艺术的角度看，他不顾当时特定情景，讲了不合时宜的话，遭到大家的痛打，这也是难免的。

2. 祝贺词要简洁，有概括性

祝贺词可以事先做些准备，但多数是针对现场实际，有感而发，讲完即止，切忌旁征博引，东拉西扯。语言要明快热情、简洁有力，才能产生强烈的感染力。

有些祝词、贺词要进行由此及彼的联想，因景生情的发挥，但必须紧扣中心，点到为止，给听众留下咀嚼回味的余地。比如：

某人主持婚礼。新郎是畜牧场技术人员，新娘是纺织厂女工。婚礼一开始，他上前致贺词：

"我今天接受爱神丘比特的委托，为 80 年代牛郎织女主持婚礼，十分秉幸。"

新郎新娘交换礼物。新郎为新娘戴上金戒指，新娘送给新郎英纳格手表。这时，主持人又上前致辞说：

"黄金虽然贵重，不及新郎新娘金子般的心；英纳格手表虽然走时准确，也不及新郎新娘心心相印永记心间。"

他的即兴婚礼贺词，得体而又热情，简洁而又明快，博得了一阵热烈的掌声。

每个人都有喜欢被别人恭维的心理，即使那些平时说讨厌恭维的人其实内心也是喜欢听恭维话的。最重要的是，你的恭维话要说得巧妙，不显山露水，不露丝毫痕迹，恰到好处，被恭维的人就会怡然自得了。

词不必华丽，但需有活力

有一次，一个乡下传道者，去问一个著名的牧师，怎样才能在炎热的星期日下午，使听讲者不打瞌睡？那位名牧师诙谐地回答说，只要叫人拿根棍子把那个传道者痛打一顿就好了——滑稽吗？不，这确是一个再好没有的办法，这短短的两句话，给演讲者的深刻印象，远胜于万卷专业论著的书。

为什么呢？你该知道有许多著名的拳击运动员，都懂得在登台之前刺激自己情绪的重要性。他们有的握紧了拳头向空中乱挥，好似向假想的敌人出拳，有的人则想出一种使自己发怒的借口，使精神亢奋起来，有时我看见他们在后台等候出场时，用力拍着自己的胸部。因此，我也劝告准备上台演说的人们，先走到隔室去运动一下，直到全身血液畅流，脸上和眼中都充满兴奋和活力的光辉。还可以尽量高声朗诵一篇诗歌，或做出激怒而有力的姿势。如果可能的话，在你演讲之前，最好先做一些适当的休息：要想使演说得到成功，一样要用到脑力和体力。著名演说家卡尼基告诉我们："当我年轻时，曾劈过木材，也曾对听众接连讲两小时的话，我发现这两件事，同样要使我耗费不少体力！"

二次世界大战时，有一位麦伦先生对大约数千听众演讲，他不断地大声疾呼，接连有一个半钟头，当他情绪达到顶点的时候，竟昏了过去，后来被人抬下讲坛还不自知呢。他声情激动的演讲的确使他耗尽了气力。

不错，一个成功的演说家，大都是富有活力而精神抖擞的人，他具有超越的爆发力，才能够讲到关键时刻把他的情绪像大山般地喷射出来。

所以，你要想引起对方的兴趣，就得先把自己的兴趣激发出来，你自己兴奋了，方可以让别人兴奋啊。

不论在哪种场合，不一定要讲华丽的词句，但一定要表现出自己的精神活力，以及词句背后的自信力！好多年前，英国下议院议员谢粹丹攻击哈斯廷的那篇著名演说，被当时在场的大演说家毕特传克斯等人公认为英国有史以来最流利的一篇演说，然而，谢粹丹认为他演说的最高价值，还是在于他的精神。因此，当某书店拟出 5000 镑代价向他购买那篇演说的出版权时，被他一口拒绝了。虽然那篇演说的原稿已经失传了，但是现在若有人买到的话，他一定会大失所望，因为那只是一篇空洞的遗稿罢了，正如一只老鹰的标本一般。

♨ 第二章

会说客气话，朋友遍天下

　　想必每个人都会说好话，都会说客气话。很多人都知道客气话虽然可能会没用，但是一定不会带来太坏的结果，可是真的是这样吗？不一定，说客气话一定要运用恰当；否则过分牵强则说明此人别有用意，也会让人反感，感觉你有什么目的一样，所以说，我们要恰如其分地说些客套话就好。

客气要注意"首因效应"

这里有一个问题想提出来，请读者思考：对于一个初次见面的人形成第一印象，大约需要多长时间呢？

1秒钟？1分钟？或者大约谈上1个小时之后？1天？还是1个月、1年？

很遗憾，以上的答案都是错误的。根据科学的心理学研究，人们往往形成第一印象只需4分钟的时间。美国著名的心理学家兹尼说，"在最初的4分钟内就会形成对一个人的第一印象，而且这个印象会有才长久而关键的影响力。"这即是我们常说的"首因效应"。

但这还足以令人惊叹，因为甚至有专家认为4分钟太长了，形成第一印象其实只需"6秒钟"。还有一些研究人员认为"0.1秒就足够了"。你相信吗？

公司里来了一个新同事，我们往往只从第一眼开始就已经认定了此人属于那种类型，也决定了我们的好恶。

但是，在几秒钟之内形成的只是"喜欢还是讨厌"这样大体上的印象，而要形成清晰、完整的第一印象还是需要大约4分钟的时间。4分钟虽短，但如果你不能在这4分钟内展现自己的最大魅力，别人对你的印象就基本已经固定化了。

如果不能在4分钟内，让对方对初次见面的你产生足够的好感，之后你再怎么努力，都很难改变对方对你的印象。阿斯顿大学的奈力鲁·安塔松博士通过模拟面试的实验证明，在最初的4分钟内，面试官就会清楚地做出判断，应试者是否可以被录用。其实，敏感的人在面试开始的时候，就已经知道自己是否会被聘用了。

请大家回想一下自己的实际情况是不是如此：在和最亲密的

朋友初次见面时，你是不是瞬间就感觉到，这个人一定会成为一生的朋友。那种感觉简直就像得到了某种暗示似的，这就是第一印象的力量。

大部分人与别人初次见面时都会感到紧张。因为不知道面前的到底是一个怎样的人，所以难免会拘谨。陌生人总是带来很多不确定性，不在我们的有效掌控之内。我们既要尽量缓解这种紧张情绪，又要在有限的 4 分钟内展现出自己的最大魅力，实在不是一件容易的事。

在初次见面时，你 1 秒钟都不能掉以轻心。特别是在最初的 4 分钟内，一定要尽力展现自己的最大魅力。如果认为即使现在给对方留下了不好的印象，以后还可以找机会挽回，那就大错特错了：一个人是不会花费那么大的时间成本来重复认识一个人的价值的。

这就像制作模型一样，与其在制作后中途又返工，不如从开始就定好标准，制作得准确无误。初次见面的情形也是这样。在刚开始寒暄的阶段，不，在见到对方的一刹那，就应该运用一切战术给对方留下尽可能好的印象。

见面开始后的 4 分钟是决定第一回合胜负的关键时刻。一定要好好记住这一条法则。

适时应景的寒暄

所谓寒暄，是一种应酬时所用的语言，一般是指会客中的开场白，是交谈的序幕和有效铺垫。在中国这个礼仪之邦，寒暄更是人际交往必不可少的部分。寒暄的主要用途在于打破人际交往的僵局，缩短人与人之间的距离，向交谈对象表示出自己的友好之意，为进一步交往打好基础。所以，寒暄的意义重大，绝不能掉以轻心。比较常见的寒暄方式大体有以下几种：

第一类是最为常见的一般性问候式寒暄。如以"您好""早上好""新年好"之类的话语开场，然后根据不同的场合、环境、对象进行不同的问候。比如，对小朋友可以问"几岁了""在哪儿上学呀""几年级了"；对成年人可以问："做什么工作呀""工作忙吗"；对朋友可以问："好久不见，你近来忙什么呢""最近工作进展如何，还顺利吗""最近身体好吗"等等。

第二类是场景式寒暄。这类寒暄是针对具体的交谈场景临时产生的问候语，比如下班时遇到其他办公室的同事说："下班啦"；在食堂里可以问："今天的菜怎么样"；在图书馆或书店可以问："看到什么好书了吗"。这种寒暄显得随意自然、轻松得体。

第三类是夸赞式寒暄。夸赞式寒暄是众多种寒暄中最受欢迎的一种，说得直白一些，就是给人以赞美。比如，你有很长一段时间没有见到一个好朋友，某天在路上遇到，你可以说："哎呀，一个月不见你漂亮多了""最近脸色好多了"，这位朋友肯定会很高兴。

第四类是敬慕式寒暄。是指对初次见面者表示出尊重、仰慕、热情的寒暄，这类寒暄最常用的词如"久仰大名""早就听说过您""久闻不如一见"，当对方是个有名气的人或者两人有共同的朋友时都可以这样寒暄，但这类寒暄切忌无中生有，以免引起对方不快。有部电影里有过这样的场景：

甲：您好您好，久仰大名，今日一见，果然名不虚传。

乙：哪里哪里！

甲：快给这位先生上茶……哎，对了，先生贵姓？

乙满脸不快。

很显然，甲的寒暄是虚伪的，这样的"漂亮话"还不如不说。

第五类是言他式寒暄。比如"今天天气不错""你看那边那个小孩多可爱"。这类话也是日常生活中比较常用的一种寒暄方式。特别是陌生人之间见面，一时难以找到话题，这类寒暄也不失为一种好方法。

以上几种寒暄语或客套话的使用并无特定的规矩，没有固定的模式，可根据环境、条件、对象以及双方见面时的感受来选择和调整，只要见面时让人感到自然、亲切，没有陌生感就行。

不过，彬彬有礼，落落大方，虽然礼多人不怪，但也要恰到好处，如果太客气，会让人觉得你有意拒人于千里之外。所以说，客套话也要把握一个合适的度。

假如你到一个朋友家里，你的朋友对你异常客气，你一进门他就说"欢迎光临寒舍"，然后就是什么"粗茶淡饭""让您见笑了"总是满口客套，唯恐自己有什么照顾不周的地方，唯恐你不高兴。如此一来，你不但丝毫感受不到朋友之情，反而觉得如针芒刺背，坐立不安。

或者是一个朋友到你家做客，他左一句"谢谢"右一句"辛苦了"，当你说"别客气""不用谢"时他又回应着谢个不停，然后故作惊讶地对你家的装饰品称赞道："哎呀，真漂亮，你们真有品位""这个好精致呀""比起你家，我的家简直像个猪窝"，临走时，他还跟你说："呵，谢谢你，今天真是太麻烦你，我觉得菜饭都非常好吃，实在太感谢了……"

　　虽然这位朋友很客气，但这客气显然是令人痛苦的。开始会面时的几句客气话倒不成问题，若继续说个不停就让人感到心里不快了。与朋友谈话的目的本来在于沟通双方的情感，此时的客气话就像是横阻在双方心头的一面墙，起到了相反的作用。

　　可见，说寒暄话也是有一定的学问的。所以不管是普通百姓还是商务人士，对于寒暄都有必要做一些了解和学习，要使得寒暄得体，给对方一个良好心理暗示。

　　那么，和他人寒暄时有哪些注意事项呢？

　　（1）态度要真诚。寒暄的话说出来要真诚，如果像背熟了的成语似的、流水般泻出来的客气话，容易使人讨厌。另外，说话时要保持得体的肢体语言，不可以用过度的打躬作揖、摇头作态来帮助你说客气话，更不可东张西望，漫不经心，这些都不是"雅观"的动作。

　　（2）语言要得体。要避免粗言俗语和过头的恭维话，如"老爷子，出去转转呀"，就显得有些失礼了；那种打哈哈，戏弄对方的寒暄，如"瞧您那德性""喂，您又长膘了"等等，一般人都不太喜欢。

　　（3）要看对象，对不同的人应使用不同的寒暄语。在交际场合，男女有别，长幼有序，彼此熟悉的程度也不同，寒暄时的口吻、用语、话题也应有所不同。比如，和文化不高的人见面时的寒暄，最标准的说法是："你好""很高兴能认识您"。若是说："久仰""幸会""久闻大名，如雷贯耳，今日得见，三生有幸"，就显然有些别扭。

　　（4）注意寒暄语的民俗性和地域性。比如，老北京人喜欢见面问别人："吃过饭了吗？"这其实只是一种打招呼的方式，你要是答以"还没吃"，这就显得你无知了。若用来问候南方人或外国人，常会被理解为"你要请我吃饭""讽刺我不具有自食其力的能力"等意思，从而引起误会。

　　有很多阿拉伯人见面时喜欢问别人："牲口还好吗？"估计要

是中国人听到一定会气得跺脚。其实，这并不是在骂你，也绝没有任何恶意，他们这样问候，只是关心您的经济状况如何，这体现的正是一种地方特色，在以游牧为主的阿拉伯人看来，还有什么比牲口更重要的呢？所以，如果你的阿拉伯朋友问你"牲口还好吗"，你可千万别生气。

为了避免误解，当我们对对方不太了解时，最好不要以这种话开场，最好应以"您好""忙吗"为问候语。

（5）不要提起别人不想提的事。牵涉到个人私生活、个人禁忌等方面的话语，最好别随便说出口。例如，一见面就说"你上次说要离婚离了吗""那事结束了吗""公司没真的解雇你吧"，都会令对方反感至极。

（6）注意寒暄的连续性。在交往场合中，当被介绍给他人之后，理应跟对方寒暄一下。这时，如果你一言不发，则是极其无礼的。若是只简单地点点头，握一下手，通常会被理解为不愿与之结交，也是不礼貌的。

（7）寒暄多用于不太熟悉或是久未谋面的人之间，对彼此很熟悉的朋友总是使用那些寒暄语，真挚的友谊就难以建立了。要知道客气话是表示你的恭敬或感激，不是用来敷衍朋友的，所以一定要适可而止。

"一句话能把人说笑，一句话也能把人说跳。"讨人喜欢的话包括对对方恰到好处的恭维；得体友善的话；让人觉得亲近的话；那些能够进入对方心里深处，能够让对方产生愉悦感觉的话。

一定要记得别人的名字

无论对哪个人而言，他的名字都是所有语言中最受到他重视的声音。人们都很重视自己的名字，有时甚至会想尽方法让自己的"名字"流芳万世，花再多钱也在所不惜，在很多庙宇的"功德碑"上刻的那些捐赠人的名字就是最好的证明。

对此，美国钢铁大王卡耐基告诉了我们他的经验："要想赢得朋友，务请记住他们。因为你记得我的名字，便表示我在你的心中留下了印象，这是最巧妙的恭维。"

记住对方的名字，并把它叫出来，就再也明白不过地表明了你对他的重视。尤其对见面不多的人，与其摆出一脸的欣赏并说出满口赞美的话，倒不如热情地喊出他的名字。

在现实生活中常会碰到这样的尴尬场面，你和一个似曾相识的人聊得火热，却将对方的名字张冠李戴，甚至根本都想不起对方名字，这样，不仅会让对方尴尬不已，你的真诚和热情也会大打折扣，很难使对方喜欢你，就更别提在你有困难的时候帮助你了。

记住别人的名字是非常重要的事情，同时也是最有效的取得别人好感的方法，正如美国前总统罗斯福说的"在交际中，最明显、最简单、最重要、最能得到好感的方法，就是记住别人的名字"。

历史上最好的例子是法国皇帝拿破仑三世与下属的关系，他贵为一国之君，每天可说是日理万机，接见宾客之多亦可想象。但他却能叫出手下全部军官的名字。他喜欢在军营中走动，遇见某个军官时，就叫出他的名字，跟他打招呼，谈论这名军官参与过的某场战斗或军事调动。有时他还会询问士兵的家乡、妻子和家庭情况。这种做法让军官和士兵们都感动不已，也使他们对拿破仑忠心耿耿，甘愿效劳。

难道拿破仑有什么神奇的特异功能吗？当然没有，只是因为他对此下了功夫，他是这么做的，"如果我没听清楚对方的姓名，我会说：'对不起，我没听清楚。你能再说一遍吗？'"

如果是个不常见的姓名，他会问："请问您这个字怎么拼。"然后在谈话中，他会将这个名字重复数次，并将它与眼前这人的面孔、肤色及口音联系起来，自然在脑中留下深刻的印象。

有很多人不愿花时间去记住别人的名字，理由是自己太忙了。他们只是不想把这当成值得花时间去做的事，结果他们失去了许多朋友，也失去了很多机会。相反，那些肯花时间去记住别人名字的人却能获得意想不到的成绩。

美国前总统罗斯福竞选时的总干事吉姆就是最好的例子。他本来只是一个没受过什么教育的工人，之所以能成为总统的左右手，正是因为他愿意"苦干"，这其中最重要的就是记住别人的名字，吉姆常说，"我能叫出五万个人的名字。"正因这这项特长，在罗斯福开始竞选之初，吉姆每天写八百封信给美国各州的人。接着他又在很短的时间内，搭火车经过 20 个州，跋涉万里，到很多城镇与会见他的人聚餐，并且坦诚地交谈。整个访问行程结束回到东部后，他再写信给他这些日子里见过面的每个人，请他们将亲友名单寄给他，然后他再写信给这些人，为罗斯福拉选票。可以说，罗斯福竞选总统成功，吉姆功不可没。

可能会有人认为这是小题大做，但不可否认的是，现代社会中人们被尊重、被承认的心理需求越来越强，你叫出了别人的名字，使对方有被尊重的感觉，同时自己也容易赢得对方的好感。这个看似简单的小事，正是获得友谊、达成交易、得到新合作者的路标，而且可以产生其他礼节不能达到的效果。

为了使你成为受欢迎的人，从现在起就有意识地去记住别人名字吧。这里有几个简单的方法能帮你加强记忆力：

1. 不断重复

每当我们新认识一个人的时候，对需要记住的姓名，重复在心里默记或者反复提及对方的名字是最好的方法。

比如，公司来了个新同事。初次见面，他告诉你他叫"何言"，你就可以这样做："何言，你好！""何言，你原来是哪个公司的呀？"

2. 找到特别之处

在一些人多的场合，可能需要你一下记住很多人，这时不妨找出每个人的特点，将这些特别之处与名字放在一起输入大脑。比如，叫张三的人有两颗虎牙，就可以在心里想："长着两颗虎牙的张三。"

3. 用照片记忆

如果你有打算熟记的陌生人的照片，或者参加过某个活动照过一张集体照，最好将人的长相与姓名一起熟记，这种方法的效果比较好，一般只需几次就能做到了。也可以以国内外的政府高官、知名人物的照片做练习，加强记忆力。

4. 逐字分解

在对方自我介绍的时候，可以请他把名字一字一字地分别解析一下以加深印象。仔细听对方的分析，自己也默默重复几遍，用心将这些信息全部记在脑海里。再遇见对方的时候，就不难叫不出他的名字了。

例如，有个人叫李赫，你就可以这样记住他的名字，"李"，是李白的李，"赫"是"赫赫有名"的"赫"，连在一起就是像李白一样赫赫有名。如此一来，你就把这个人和李白联系到一起了，日后再见到他的时候，你就能马上想起他的名字了。

5. 善于联想

我们在记忆别人名字的时候，运用联想是一种很好的方法，就是把对方的名字与某些事物或熟悉的人名、地名、物名联系起来。

6. 换名片

现代人交往，在初次见面时互换名片是比较普遍的。一般来说，当你向别人递出名片时，对方也会给你他的名片。当你接到别人的名片时，千万不要看也不看就放在包里，出于礼貌，你应该把他的名字读一遍，然后再注视一下对方的面孔，这样有利于记下他的名字。

如果一次认识的人较多，在活动中间间歇时，再将所有名片上的名字与本人对一次"号"，或者过后再拿出来看一遍，回忆一下交换名片的情景。这样，结识的朋友就不容易忘记了。

客套太多就是俗套

在当众讲话时，不管你之前准备了多少演讲内容，最初的几十秒都是最重要的。只有独具匠心的开场白，以其新颖、奇趣、敏慧之美，才能给听众留下深刻印象，才能立即控制住场上气氛，在瞬间集中听众注意力，从而为接下来顺利演讲搭梯架桥。

李琳所在的学校要竞选一名学生会干部，为了公平，学校组织了一场竞选演讲，李琳也报名参加。她为这次演讲做了充分准备，除了反复修改演讲稿，还提前在朋友面前进行了试讲。

在正式演讲的那天，李琳一脸严肃地走上台，然后对着台下的人说："尊敬的各位领导，亲爱的同学们，大家好。站在这里我感到很荣幸，首先我要感谢……"感谢的话说完，时间已过3分钟。这时，她把话题切入演讲的主题，却发现台下的学生大多在玩手机，有人在窃窃私语，李琳的心一下子沉到了谷底……

可以说，不管李琳接下来的演讲多精彩，这个开场白肯定是俗气的。你想想，当听众听到"很高兴来到这里"，以及感谢这个，感谢那个之类的客套话，他们会做何感想？一定是"没新意""太老套""缺少真情实感"，如此，他们怎么会专注于你接下来的演讲？

所以，开场白不要让人觉得太俗套、太无聊，否则，那些陈词滥调，以及不痛不痒的客套话会把你的演讲拖入冷场。那么，怎样让你的开场白赢得众人的喝彩而不是让听众昏昏欲睡呢？下面介绍新颖的开场白方式。

1. 奇论妙语式

听众对平庸的论调都不屑一顾，置若罔闻。倘若用别人意想不到的见解引出话题，造成"此言一出，举座皆惊"的艺术效果，会立即震撼听众，使他们急不可耐地听下去，这样就能达到吸引听众的目的。

美国一家广播公司在宣传无线电作用的科普演讲中这样开头：

"各位可知道，一只苍蝇在纽约的一扇玻璃窗上行走的细微的声音，可以用无线电传播到中非洲，而且还能使它扩大成像尼加拉大瀑布般惊人的巨响。"这则广播演讲选择普通人难以想象也不会去付诸实践的角度宣传无线电的特殊效能，构成了独特的开场白。

需要注意的是，运用这种方式应掌握分寸，弄不好会变为哗众取宠，故作惊人之语。因此，应结合听众心理、理解层次出奇制胜。再有，不能为了追求怪异而大发谬论、怪论，也不能生拉硬扯，胡乱升华。否则，极易引起听众的反感和厌倦。须知，无论多么新鲜的认识始终是围绕着演讲主旨进行的。

2. 自嘲幽默式

演讲者在开场白里，也可以调侃自己，这同样是一种较快实现与听众心理沟通的方法。不过，调侃自己时，不可与调侃听众使用同一种口吻。调侃自己可以用揶揄的、自我解嘲的口吻，当然也不必过分，必须让人感到这种自我解嘲中的乐观情绪和幽默感。

胡适在一次演讲时这样开头："我今天不是来向诸君作报告的，我是来'胡说'的，因为我姓胡。"话音刚落，听众大笑。这个开场白既巧妙地介绍了自己，又体现了演讲者谦逊的修养，而且活跃了场上气氛，沟通了演讲者与听众的心理，一石三鸟，堪称一绝。

使用这种方法主要出于这种考虑：听众普遍认为能与他人随便谈论自己的人通常是透明度较高、平易近人的人。同时，由于你的自我评论多少带有揶揄自己的味道，听众就会不自觉地产生某种优越感。所以，不少演讲者是以几句谦恭、风趣的自我评论开场，来实现与听众感情的沟通。在使用自嘲式幽默开场白时，切忌使用低级庸俗的笑话或粗俗的语言。

3. 借景生题式

一上台就开始正正经经地演讲，会给人生硬突兀的感觉，让听众难以接受。演讲者不妨以眼前人、事、景为话题，引申开去，把听众不知不觉地带入演讲之中。如可以先谈会场布置，谈当时天气，谈此时心情，谈某个与会者……

你可以说："我刚才发现在座的一位同志非常面熟，好像我的一位朋友。走近一看，又不是。但我想这没关系，我们在此已经相识，今后不就可以称为朋友了吗？我今天要讲的，是如何与陌生人交朋友。"

借景生题不是故意绕圈子，不能离题万里、漫无边际地东拉西扯。否则会冲淡主题，也使听众感到倦怠和不耐烦。借景生题时，演讲者必须心中有数，还应注意渲染的内容必须与主题互相辉映，浑然一体。

开场的方法其实有很多种，诸如还有通过讲笑话开场，讲故事开场等，方法各异，不一而足。大家需要根据身份、场合、主题的需要，选择适合自己的方法。总之，在当众讲话时，一开始就要吸引听众的注意力，这也是调动氛围的关键。

说客套话，表情也很关键

有人曾问古希腊最伟大的演说家德摩斯梯尼："对于一个演讲家，最重要的才能是什么？"

德摩斯梯尼回答："表情。"

又问："其次呢？"

"表情。"

"再其次呢？"

"还是表情。"

可见，在德摩斯梯尼眼中，表情在演讲中是多么重要。

人的面部表情，是人的思想感情在外貌上的显示，是人的思想感情最灵敏、最复杂、最准确、最微妙的"晴雨表。"面部表情丰富多彩，可以说是另一种深刻、直观的表达方式，甚至比语言、手势等更能使观点入木三分。有句话叫"只可意会不可言传"，这或许就是在说表情的力量吧！法国作家、社会活动家罗曼·罗兰说："面部表情是多少世纪培养成功的语言，比嘴里讲得更复杂到千倍的语言。"

不管置身什么场面，在面对众人说话时，话讲的漂不漂亮，有没有尽到应有的礼数，表情也很关键。试想，你带着忐忑不好的心情，起身后边四处张望，边讲话，表情与内容严重脱节，话说的再漂亮有什么用？

高情商者当众讲话时，会通过面部各个部位的特征变化，来丰富演讲表情，增加演讲的感染力。

1. 嘴唇

除非出席追悼会，在大多数场合，讲话都要尽可能突出喜庆、活跃等气氛，讲话的内容无非是送祝福、树信心、表感谢等。所以，在说话的时候，表情一定要和讲话内容契合。尤其是在喜庆的场合，说话时，嘴角要微微上翘，展现出微笑的面容，这可以说是运用比较多的表情，无论是上台还是退场，都需要向观众报以微笑，通过微笑还可以表达出喜悦、亲切、肯定、满意、赞扬的态度。

2. 眼睛

"眼睛是心灵的窗户"，不同的眼神能展现出不同的说话效果。比如，仰视：表示崇敬或傲慢。俯视：表示关心或忧伤。正视：表现庄重、诚恳。环视：表示交流或号召。点视：表示具有针对性和示意性。虚视：可以消除紧张心理。在和观众互动的时候，眼神的运用十分重要。根据场合和人数，以及说话的主题，要灵活使用"眼语"，让自己的讲话是得更生活。

3. 眉毛

双眉往上扬，表喜悦、亲切、肯定、满意、赞扬；双眉微蹙，表疑问、忧虑、悲伤。这在表达自己情感的时候，能够充分发挥出功效。比如，在讲到如何理解亲人时，双眉紧蹙，说："我们在外面打拼，为的是什么？难道就是过年的时候，拿钱给父母吗？而他们长年累月的孤独，我们能看到吗？"这样就形神兼备，触人心弦。

高情商者在讲台上善于根据场面表现出各种表情，让每一句话都生动有趣，产生相当的感染力。当然，在所有表情中，要说哪一种最重要，一定是微笑。微笑就像润滑剂，可以迅速让演讲者的亲和力提升，从而拉近和听众的关系。

有些人不善于运用自己的面部表情，不管内容如何转折变化，不管感情如何波澜起伏，始终都是一种表情，仿佛面部表情同思想感情的变化毫无关系。这不仅会给听众一种呆滞、麻木的感觉，而且不利于思想感情的表达。

所以，表情也是说话的一部分。不管是日常交流，还是当众讲话，都不要做一个表情僵硬的人，如果不善于通过表情表现自己，那就尝试微笑吧，俗话讲：微笑的人运气都不会太差！

寒暄穿针话引线

与人交往，欲求进一步接触和发展关系就得会搭讪，造成一种亲密的感觉。通过搭讪等方式被接受，从而了解和探得对方的信息。形成亲近感，就会更好的交流。

对陌生人也好，对熟人也好，只有用各种方式同别人接近，形成融洽的关系，才能达到交谈的目的。在与人交往过程中，只有建立好亲近的关系日后才会更加方便。

和陌生人搭讪，接近，总是以这样的方式开始："您是哪里人？""哪个学校毕业的？""听口音，你家是南方人……"。初次见面，这些都算是挺好的话题，以此作为开始，继续交谈下去就会容易许多。其实，这绝不是简单的寒暄，而是试探对方下一步态度的前哨战。因为出生地或者毕业于哪所大学，往往是形成一个人的判断标准的关键因素。

有这么一个故事，说的是两个人一齐出国旅行，其中一个服务于水产公司，另一位则是家具制造厂的职员，当两人进入餐厅吃饭，在长桌边坐下时，那位家具制造厂的朋友首先开口说道："呀，这张椅子是法国制的，果然不错。"接着，当菜端上来时，水产公司的职员瞥了一眼，就立刻赞叹道："用的鱼是上等，真想去问问厨师是哪里买的。"职业不同，对所看到的东西和判断的标准也迥然而异，从这个例子可以略见一斑了。

只要能抓住这种标准，以后要引出的话题就简单了。为了达到这个目的，不妨用询问出生地或毕业学校的言语入手，这是顺利与别人交谈的第一步。推销员之所以开始时从毫无生意关系的话题谈起，无非就是为了想获知顾客的判断标准。

比如说，当你想求他办事的人与你开始谈话时，你不妨先聆听对方说一两分钟，然后问他（她）："听口音，你是××地方人吧?"说中了，最好；即使不对也没关系，因为对方肯定会纠正道:"不，我是××地方人。"

一旦获知对方的有关信息，事情就好办了，你可以充分调动有关知识，和他就这一话题攀谈下去:"我两年前也曾去过，你是哪个县的?"诸如此类与自己办事毫无关系的话题，如果有空，即使要谈上一阵也未尝不可。现实生活中，这种献殷勤、套近乎的方法常常用于求别人办事之中，一旦关系密切后，别人就是想拒绝你的请求也"却之不恭"了。

表面看起来，陌生人很生疏，与他接近难于上青天，其实不然，因为对方不了解你，同时也不好随便拒绝你。只要话语客气，礼貌表达，多在话里头抛几个"绣球"给他，自然关系就近了。

第三章

会说漂亮话，瞬间提升个人魅力

　　表达同样一个意思，说话水平不同的人，获得的效果大不相同。一句恰到好处的话，可以改变一个人的命运；一句言不得体的话，可以毁掉一个人的一生。古往今来，无论君子小人，无不爱听好话。当事人十分恼怒或不快时，只要旁人适时地说几句漂亮话，便能云开雾散了；剑拔弩张的尴尬场面，只要几句得体的漂亮话，往往能缓和气氛，甚至达到皆大欢喜的效果。

关键时刻，说话要精要诚

1863年7月，美国南北战争中的一场决定性战役，在华盛顿附近的葛底斯堡打响了。经过三天的鏖战，北方部队大获全胜，战后，宾夕法尼亚等几个州决定在葛底斯堡建立因维护国家统一而牺牲的烈士公墓，公葬在此牺牲的全体将士。

这次仪式的主讲是艾弗雷特，林肯只是由于总统的身份，才被邀请在艾弗雷特之后"随便讲几句适当的话"。

这对林肯来说，有很大的难度，因为艾弗雷特不仅是个著名的政治家和教授，而且是当时被公认为美国最有演说能力的人，尤其擅长在纪念仪式上的演讲。在这种情况下，怎样讲才能和观众建立良好的交往关系，并最终赢得他们呢？

林肯沉思片刻，决定以简洁取胜，结果他的演讲大获成功，尽管整个演讲只有十句话，从上台到下台不过两分钟，可掌声却持续了十分钟。当时的报纸评论说："这篇短小精悍的演说是无价之宝，感情深厚，思想集中，措辞精练，字字句句都很朴实、优雅，行文完全无疵，完全出乎人的意料。"就是艾弗雷特本人第二天也写信给林肯道："我真佩服您，仅用了两分钟就说得明明白白。"

后来，林肯的这次出色的演讲词被铸成金文，存入牛津大学图书馆，作为英语演讲的最高典范。

林肯这次演讲取得巨大的成功，给了我们一个启示：话不在多，在真、在精；在诚。

耶鲁大学在举行三百年校庆盛典时，德高望重的校长致辞连标点算在内也只有169个字，但它却囊括了耶鲁大学整个的发展史，这短短的"一分钟"发言是这样的：

"今天，我们不要只说耶鲁的历史上出了五位美国总统，包括近几十年来接踵入主白宫的老布什、克林顿和小布什；也不要只说耶鲁是造就首席执行官最多的大学摇篮。我们更应该记住，耶鲁的毕业生中有三位诺贝尔物理学奖、五位诺贝尔化学奖，八位诺贝尔文学奖和八十位普利策新闻奖、格来莱等奖项的获奖者。耶鲁，我们的耶鲁，自始至终坚持为人类文明和社会进步服务的理念！"

"三百年与一分钟"，鲜明的对比反差足以让在场的每一位听众动容。由此不难看出，发言简明最精彩。简短的言语散发着怎样迷人的魅力。

其实，无论是重大场合还是在日常生活中，说话简练、化繁为简，都可以轻轻松松地把问题解决掉。即便在日常小事上，言语简短也充分展示了它的力量所在。

某单位有两位年轻的司机，因为单位精简人员，两个人必须有一人下岗。于是，单位搞了一个竞争上岗，让两个人分别谈自己对将来工作的想法。

第一个小伙子上场演讲时说如果自己如何把车收拾得干净利索，如何遵守交通规则，而且做到省油，不给单位增加负担。滔滔不绝地讲了半个多小时才讲完。

可是，第二位司机只讲了不到三分钟就下来了。他说他过去遵守了三条原则，现在他仍遵守三条原则。他的三条原则就是：听得，说不得；吃得，喝不得；开得，使不得。

众领导一听，好！最后这个发言简练的司机被留下了。

这个司机就是用高度概括的语言表达了自己的工作态度，从而从竞争中胜出。

这些都说明，虽然我们可以在发言的时候对听众的时间和心情做主，但是为了自己的未来，我们绝对不能因此而"太霸道"，尊重听众是我们获得掌声的关键。而且，它在今后的某个时刻等着你，给你惊喜，让你惊讶。

有好情商说漂亮话

我们天天都在说话，可是并不意味每个人都能把话说得很好，会说话需要好的情商。

天天说话，但并不是每个人都能把话说好。说话要有很好的情商，一个人即使不漂亮，但很会说话，同样会很受欢迎。

会说话，是要把话说的精干利索，令人回味无穷。这是艺术，可以化腐朽为神奇的艺术。有次问一个女孩子："你读过《羊的门》吗？"她回答说："最近没读。"实际上她没有读过这本热门的书，但是，听了她的话，谁还愿意揭她的老底呢。又有一次，有人问她："你读过《奥赛罗》吗？"她说："我没读过英文版的。"听了令人大生敬意，她这话有几层意思：她读过这部作品，而且她熟悉西方古代文学，文学造诣很深。

这就是一种社交艺术。

在交际中，每人都需要这样的"软着陆"的话题，又称"安全话题"或"公共话题"。比如说，可以谈论一下量子力学，这门学科里最有名的定律就是测不准定律，连爱因斯坦也不会轻易说懂。你完全可以用它作为一种"软着陆"的话题。当然你还可以选别人没听到过的，历史书上少有记载的人物来谈谈。在选这类"安全话题"时，千万要注意听众的身份。根据不同的身份选择话题，知识分子说些学术的内容，谈谈《红楼梦》，商业人士就说说经济学再就说学校。

在与人交往中，要有好的情商才会漂亮的说好话，选好话题，选准对象，不仅可以使交往愉快，还会使人觉得你很容易交流，你会因此很受欢迎。当然，这全在于你自己的天赋和练习。

多说"我们"少说"我"

　　曾经有个笑话说，有个很不受欢迎的年轻剧作家，跟他的女朋友谈论自己的剧本，直到两个小时后，他才说道："关于我已经谈得够多了，现在来谈谈你吧。你认为我的剧作怎么样?"结果女朋友忍无可忍，终于拂袖而去。

　　这则小笑话讽刺了那些平时说话时喜欢说"我"的那些"大独裁者"，他们总是对自己的工作、家庭、故乡、理想表现出浓厚的兴趣，"我"在他们的谈话中永远是用得最多的一个字，总是向对方讲"我……如何如何"，他们对对方漠不关心，于是与别人聊天时常常不欢而散。他们总以为这种方式最能表现自己，获得朋友，殊不知他们已经犯了说话的大忌。

　　《福布斯》杂志上曾登过一篇为《良好人际关系的一剂药方》的文章，其中总结出了与人交际最重要词句：

　　语言中最重要的 5 个字是："我以你为荣!"

　　语言中最重要的 4 个字是："您觉得呢?"

　　语言中最重要的 3 个字是："麻烦您!"

　　语言中最重要的 2 个字是："谢谢!"

　　语言中最重要的 1 个字是："你!"

　　那么，语言中最不重要的一个字是什么呢? 是"我"。

　　亨利·福特二世描述令人厌烦的行为时说："一个满嘴是'我'的人，一个随时随地说'我'的人，一个独占'我'字的人一定是一个不受欢迎的人。"的确，在人际交往中，"我"字讲得过多，会给人突出自我、标榜自我的印象。因此，会说话的人，在与人说话时，总会避开"我"字，更多地使用"你""您""我们"等字眼。因为与你更喜欢谈论自己一样，对方也更喜欢听到与他们有关的话，有时候，即使像"你从哪里来"这样一个简单的问题也说明你对别人感兴趣，从而赢得对方的好感。

对此，很多人头脑里潜伏着一些不正确的认知。比如，我一定要显得比周围的人强；我说的这个话题很重要，他们一定很喜欢听；人人都要注意到我，我才会满意，我才算成功；我不说自己的优点，他们便无法知道，所以让大家注视我的最好方法就是自己说出优点，等等。

这些典型的"以自我为中心"态度，往往事与愿违，多少会妨碍你与他人和睦相处，因为这会让你变成交谈中讨厌的"大独裁者"，相反，你在与他人聊天中注意关注别人，并且表示适当的理解与肯定，你就会成为受欢迎的聊天伙伴。要避免成为"大独裁者"，最主要的是要掌握好"我"字运用的分寸。

那么，我们应该怎样做才能避免发生类似的错误呢？交际高手们给出了下面的建议：

1. 用复数第一人称代替"我"

在许多情况下，可以用"咱们""我们"等词代替"我"，因为以复数的第一人称代替单数的第一人称，往往可以缩短双方的心理距离，促进彼此情感的交流。

比如，"为了完成这次任务，我希望大家都要努力去做。"可以改成"为了完成这次任务，我们都加油去做，好吗？"有很多演讲者喜欢使用"我们是否应该这样""让我们一起……"等表达方式，正是因为这样说话能使对方觉得距离接近，听到"我们"这个词，往往会有"你也参与其中"的意思，所以，对方心中必然会产生一种参与意识。

2. 能不说"我"的时候就不说

在一句话中，如果主语"我"不换，后面尽量少用"我"，以免显得重复。比如，"最近，我做了一次关于员工满意度的调查统计，（我）发现有一半以上的员工对公司有不满情绪，（我认为）这些不满情绪的产生原因主要是加班费的问题，（我想）我们是不是可以……"

此句中开头用了"我"，后面几句中的"我"都可以省去，这样能使句子显得更简洁明了，还能避免因"我"过多而让人感到有严重的个人色彩。

3. 说"我"的时候别忘了说"你"

当我们介绍完自己的某种情况或提出了自己的某种观点时，最好问一下对方的想法，这样，一来表示我们对对方的关注，二来还可能从对方口中听到另一种观点。类似的问话有："你觉得呢""你对这个问题怎么看""你同意这种说法吧""说说您的想法吧，我知道您对此很有研究"……

4. 说"我"字时要不卑不亢

不管与我们对话的是什么人物，都应保持"不卑不亢"的态度，讲"我"时，既不要洋洋得意、眉飞色舞，也不要猥猥琐琐、低声下气，否则会让人觉得你高人一等、不可一世或者没有自信、底气不足。把表达的重点放在事件的客观叙述上即可，不必突出做这件事的"我"。

没有一种说话方式比赞美更能打动人心

在众多让人喜欢的漂亮话里，赞美的言辞是最受欢迎的。因为赞美的话我们每个人都喜欢听，比如，赞美别人买的物品时要往贵处讲，赞美别人时要往年轻说，别人听后心里就舒服。有人做过这样的形容："当你赞美别人的时候，好像用一支火把照亮了别人的生活，使他的生活更加光明；同时，这支火把也会照亮你的心田，使你在这种真诚的赞美中感到愉快和满足。"

赞美别人能让你的眼中到处都是别人的优点，自己对人生也会抱有乐观、欣赏的态度，胸襟会更开阔，心境也会更快乐。当然，赞美别人还能让对方更喜欢你，让你交到更多的朋友，甚至还能消除你与他人之间的怨恨。

在一个小镇上，有一家相传了几代的药店，店主乔尔接手后，凭着丰富的经营经验，使得小店的生意蒸蒸日上。但是最近在他小店的对面又新开了一家药店。

乔尔对这个竞争对手充满了敌意，当着四面八方的人指责那家药店毫无配方经验。新药店的店主听了很气愤，想过去找乔尔理论一番，还自己一个清白，或者干脆去法院起诉他诽谤。一位朋友劝他，与其与对方结怨，不如用善意的方法解决。

后来，每当有人向新药店店主复述乔尔的攻击性语言时，新药店店主都会说："一定是有什么误会吧，我听说乔尔是本地最好的药店主，他在任何时候都乐意给急诊病人配药，而且他们配药往往是药到病除。我们这个地方正在发展之中，有足够的余地可供我们做生意，我还是应该以他为榜样的。"当这话反馈到乔尔耳朵里时，乔尔非常内疚，赶紧到对面的药店去道歉。就这样，两家的怨恨消解了。

可见，一句赞美的话有多大的作用。也许你对此也有了深深的感触，已经开始有意识地去赞美别人了，但是，却困惑于不知该怎样说。以下介绍一些实用的方法，可供你参考：

1. 赞美要出于真诚

赞美必须是由衷的，有别于"恭维"。所谓赞美，就是发现对方的优点而赞扬，绝非无中生有。因此，赞美的话一定要发自内心，真诚坦率，千万不要矫揉造作，故意过分夸大，否则就会给人虚情假意的印象，受赞扬者有时还会感到窘迫，甚至会认为你有某种不良目的。而赞扬者也会因此降低威信，适得其反。例如，当你见到一位其貌不扬的女士，却偏要对她说："你这样的美女……"对方就可能认为你是有意让她难堪，从而认定你所说的是虚伪之至的违心之言，从而讨厌你。

2. 赞美要不失时机

同事、朋友或家人的优点随时都可能显现，他们的一个表情、一个动作、所说的一句话、所做的一件事，都可以成为你赞美的对象。赞美的时机也分为事前和事后、大庭广众和两个人独处时，你也要因赞美的内容和环境不同而善于把握时机，该赞美时再赞美。否则，即使你再有诚意，你的话再漂亮，效果也会大打折扣。

比如，某天下班后，你一进家就发现，妻子已把晚餐给你准备好了，这时，你就要及时说："刚一进楼道我就闻见香味了，原来是咱们家的菜呀，我发现你做饭的手艺越来越棒了。"她听到一定会感到欣慰。倘若你等到酒足饭饱或是隔天再说，想必就没有那么好的效果了，说不定还会引起妻子的不满。

3. 力争是第一个发现的人

第一个提出某个观点的人最容易给人留下深刻的印象，赞美别人也是一样，如果你所发现的对方的特色、潜能、优势刚好是谁也没有发现的，甚至是他自己也没有发现的，你的赞扬一定会令他受宠若惊，瞬间增强自信，从而对你产生感激之情。

某公司的老板因生病住院一周没有到公司，他的助理小赵便主动处理起本来由老板处理的工作，公司里的大事小情得到了有效协调，一周里公司的各项工作丝毫没有因老板不在而受到影响。老板出院后看到了这个情况，便对他说："你平时默默无闻，我一直都没有发现，你的管理能力很出色，我决定提升你为副总，你以后要继续努力。"小赵这时才意识到自己也有"管理才能"。为了不让老板失望，并报答老板的知遇之恩，他更加努力地工作，渐渐地，原本有些混乱的公司变得井井有条了。

4. 赞美从小事说起

一般来说，赞美别人时所赞美的内容越明确就越显得你有诚意，如果你只是含糊其词地赞美对方，说一些"你工作得非常出色"或者"你是一位卓越的领导"等空泛飘忽的话语，没有任何事例的佐证，不仅会引起对方的猜度，还有可能产生不必要的误解和信任危机。尤其是在和对方不是很熟悉的情况下，与其说他为人正直，不如说对某某事的做法真是让人钦佩。而往往对方的一个很小的优点或长处，只要我们能给予恰如其分的赞美，都会收到很好的效果。

5. 与对方的内心好恶相吻合

虽然每个人都喜欢听赞美的话，但并非任何赞美都能使对方高兴。每个人心里都有对美与丑的不同衡量标准，所以，在赞美别人之前一定要对此有所了解再开口，否则，你对他的赞美之处刚好是他自己认为的缺点，对方内心必然会有厌恶的感觉，这会令他无法接受。

比如，你赞美一个初次见面的朋友像某个电影明星，而他恰好讨厌这个明星或者认为那个明星非常丑，那你的赞美就会适得其反。

6. 找到对方最希望被赞美的内容

打动人心的最佳方式是跟他谈论他最珍贵的事物，赞美别人时也应该选择对方最喜欢或最欣赏的事和人加以赞美。面对不同素质、不同年龄、不同性格的人，喜欢听到的赞美内容也不同。一般来说，老年人总希望别人不忘记他"想当年"的业绩与雄风，同他们交谈时，可多称赞他引以为自豪的过去；那些为人父母的人则最喜欢听到人称赞他们的孩子；对事业刚刚起步的年轻人，不妨语气稍为夸张地赞扬他的勇气和开拓精神；对于知识分子，可称赞他知识渊博、博古通今……

7. 间接恭维更显真诚

所谓"间接恭维"，泛指借助第三者来传递赞美之情，一般有两种情况，第一种是引用他人的评价，对某个人的事迹，也就是既成的事实加以赞美。这证明你对他的成就、声誉早有所闻，对方会感到你对他的重视，从而欣然接受你的亲切、热情。比如，你听说他的论文获了奖，就可以说："我听某某说你的论文写得特别好，还获了奖呢，哪天我想拜读一下。"这种赞美方式表现了两个人的肯定和赞美，其效果也是双倍的。第二种是在一个人面前赞美另一个与他有关的人，比如，你想赞美小张，刚好你和小张的妻子又是同事，你便可以对小张的妻子说："你家小张的办事能力真是挺强的，上次去海边要不是他下去和交警解释，估计咱们司机非得和人家打起来不可，我们都得跟着倒霉，真得谢谢他。"这么赞美别人不仅被赞美的人听到后心里舒服，听话的人也觉得沾了光，可谓一举两得。

8. 程度上要恰当

在赞美别人时也要讲求一个适当的"度"，也就是要恰如其分。赞美也是如此，过度了就流于虚伪，程度不够就如"隔靴搔痒"。

9. 拐弯的赞美最"漂亮"

有时候，过直、过露的赞美会令对方感到过分和肉麻，而且显得很俗气，而抽象含蓄的赞美让人迷醉、心花怒放。

　　一位窈窕可人的女士戴着一条新项链上班。公司里的同事纷纷夸奖其漂亮，这时一个年轻男士却独出心裁说："哦！真是一条好运的项链！太让人羡慕了，不仅外表如此别致美丽，还能环绕在美人儿的玉颈上面。"

　　这种赞美既说出了项链之美，又表现出了对女同事的赞美，可谓一举两得。

改变表达顺序，提升语言色彩

说话的效果除了与用词、修辞、语气和语调，所要表达的内容本身的性质和分量等有关系外，还和语言的顺序，也就是与展开所要表达的内容时的语言顺序和结构方式有关系。

因为不同的语序排列能改变人们思想感情信息的性质和力度，并对交际后果产生不同的影响。这就好比写文章时倒装句的使用效果一样，为的是强调其中需要特别突出的一点，比如把"你怎么了"变成"怎么了，你？"虽然两句的意思基本上是一致的，但表达的效果后一句明显要强一些，而且关切的感情色彩更强烈突出一些。这就是改变语言顺序产生的不同效果。

语序的变化组合如同智力魔方一样，巧妙地转动它，可以变换出多种花样、形式，把说者的思想感情色彩淋漓尽致地表达出来，最终征服对手。因此，训练口头表达技巧，对语序的把握调整是必须注意的重点之一。

常见的语序变化有以下几点：

1. 颠倒词序

这样做的目的是为了避免用词的单调，而把同一个词只是颠倒顺序就能产生新的闪光点。汉语中有很多这样的词，本来有着固定的位置，表达特定的含义。如果把其词语的位置加以变换、颠倒，其意义就会发生质变，或使强调重点转移，因而能获得强化表达的效果。有时，个别词语顺序的颠倒、变化，如果孤立地看似乎没有什么不同，但是，一旦纳入特定的口语表达的语境中，就能产生神奇的作用。

2. 调换句子的成分

这就是上面提到的类似于倒装句的语序变化，为的是突出思想感情色彩。按照人们的一般表达习惯，一句话的组成成分是相对固定的，比如"你吃饭了吗？"主语、谓语、宾语的顺序排列依次排开，表达的感情色彩也就是一般的问候而已。但如果为了表达某种特殊的思想感情，可以把句子中的某些组成成分的位置调换，使之发生位移，以创造特定的表达效果。比如将上面的话改成"吃饭了吗，你？"感情色彩明显加强了，而且表达的不仅仅是一般的问候了，而是变成了一种关切，显得感情饱满，语气充沛。还有比如"你把那把尺子给我"带有命令口吻，变成"把那把尺子给我，你!"则表达出不耐烦和斥责的思想感情。从中我们可以看出，句子成分位置的变化会带来思想感情的变化，因此，在说话时可以根据感情表达的需要选择最适合表现的句子形式来使用。

3. 语句调序

个别词和句子位置的变化能够体现不同的感情色彩，同样的，为了追求更好的表达效果，增强整体表达的效果，可以根据需要调整语句的顺序，从宏观上对表达内容的先后顺序做通盘的策划和设计，这样可以使表达更切题旨。著名作家盖达尔旅行时，有个学生认出了他，便抢着为他扛皮箱，可是当发现皮箱有些破旧时，学生说："先生是'大名鼎鼎'的，为什么用的皮箱是'随随便便'的？"盖达尔接过对方的话，用巧妙的措辞说道："这样难道不好吗？如果皮箱是'大名鼎鼎'的，而我却是'随随便便'的，那岂不更糟？"他的对答十分有趣，又寓意深刻，学生笑了。有时长篇讲话更要精心谋篇，安排层次逻辑顺序，以追求强烈的整体表达效果。

我们讨厌那些自恃有才而玩弄文字游戏的人，那些纯粹哗众取宠的做法，不但不能为更好地表达服务，反而影响了对方对他所说的话的接受程度，是得不偿失的。我们说的改变语言顺序，是以更好的表达效果为目的的，是通过对字词和句子位置顺序的调换而产生新的亮点，产生更强烈的感情色彩或者是为了突出某种感情色彩，这样既提升了口头表达的语言色彩，使语言更有色彩，同时还使要表达的意思更加明确具体，更有针对性和穿透力，加深听者的感受。

如果离开了交际宗旨的需要，任意颠倒说话的语序，不但不能增强表达的效果，反而让人感到语无伦次、不知所云，那就事与愿违了。

表达方式和内容同样重要

大概在上小学时，语文老师就给大家讲过这样的道理："同样的语义，不同的表达方式会得到不同的效果"。最有说服力的事例就是"屡战屡败"和"屡败屡战"的故事。

清朝的曾国藩曾多次率领湘军同太平军打仗，可总是打一仗败一仗，特别是在鄱阳湖口一役中，险些丢掉了自己的性命。他不得不上疏皇上表示自责之意，在上疏书里，他写到了这样一句："臣屡战屡败……"有个幕僚看到此，担心这么说会令皇帝生气，便建议他把"屡战屡败"改为"屡败屡战"。曾国藩一想，觉得有道理，就按照他的说法做了。谁知这一改，果然成效显著，皇上不仅没有责备他屡打败仗，反而还表扬了他不气馁的勇气。

可见，同一件事，同一个意思，换一种表达方式其意思就会有根本性的不同，上文提到的"屡战屡败"强调每次战斗都失败，他本人也成了常败将军；而"屡败屡战"却强调自己对朝廷的忠心和永不气馁的作战勇气，虽败犹荣。这表达方式上小小的转变透出了其中的大智慧，实在叫人叹服。

在生活中我们也常常遇到与此类似的情况，我们不假思索地说出的话总是得不到认可，而动一动脑筋换个说法，却往往能收到意外的效果。

有一所医院，院长花钱很吝啬。有一天，一名护士请示要把洗脸盆架上面的已经破了的镜子换一换，于是她打报告请示说："洗脸盆架上的镜子已坏，请示换一块镜子。"但是院长没批。这位护士很生气，骂院长是吝啬鬼。其他的朋友就给他出了个主意，让她重写了一份报告：把镜子写成"人体反应器"，这份报告递上去后，院长很快就批准了。

两个美术系的学生各拿着自己的一幅作品请老师评价。老师对学生甲说："你画得不如他。"这时，乙挺得意，但是甲很不高兴。后来老师发现了这个情况，以后再有两个学生来问他同样的问题时他便说："甲画得不错，乙比甲还要好。"每每这么说，乙很高兴，甲也不至于太扫兴。

美国军方在军人住宿问题上常受到国内女权运动者的批评，他们说军方重男轻女。为了缓解舆论的压力，军方把"单身汉宿舍"一律改成"无人陪伴人员宿舍"。此消息一传出，果然平息了那些对他们不利的言论。

以上几个事例说明了表达方式的重要性，这就是所谓的"有话会说"。我们常说某人会工作、会生活、会读书等，这里的"会"已经超越了一般的意义，指的是一种本领和技能，是通过后天的学习获得的。

想提高自己的表达方式的技巧其实并不难，你只需掌握以下几个原则。

1. 不好听的话要转个弯说

有对父子冬天在镇上卖便壶（俗称"夜壶"。旧时人们夜间或病中卧床小便的用具）。父亲在南街卖，儿子在北街卖。没多久，儿子的地摊前有了看货的人，其中一个看了一会儿，说道："这便壶大了些。"那儿子马上接过话茬："大了好哇！装的尿多。"人们听了，觉得很不顺耳，便扭头离去。在南街的父亲也遇到了顾客说便壶大的情况，他便马上笑着轻声地接了一句："大是大了些，可您想想，冬天夜长啊！"好几个顾客听罢，都会意地点了点头，有的便掏钱买走了便壶。一天下来，父亲带的货几乎都卖完了，而儿子的货却没卖掉几个。

导致这样结果的原因就在于两人对同一问题的表述方法不同，儿子的话说得也对，但不可否认，他的话说的水平欠佳，粗俗的语言让人觉得难以入耳，让人听了很不舒服。而那个父亲则是一个高明的推销商，他把不好听的话转了个弯说出来了，"冬天夜长啊"这句看似离题，却说得实在妙，既无丝毫强卖之嫌，又富于启示性。其潜台词是：冬天天冷夜长，夜解次数多且又怕冷不愿意出门是自然的，大便壶正好能派上用场。这设身处地地善意提醒，顾客都心照不宣了。

2. 注意"力量型词语"的运用

有这样一类词语，总是很容易引起人们的注意，往往这些话一出口，就会让人们忽略前面的内容而将注意力放到后面的内容上。例如，听天气预报时，如果说"今天是晴天，但是明天有雨"，人们的注意力就会放到后面"明天有雨"上。如果把它改成"今天晴天，明天下雨"，则人们对它们的关注力就是等同的。

不难发现，"但是"这个词总是有一种特殊的力量，不知不觉就会吸引人们的注意力，类似的词还有"其实""总之"等等。

3. 多用乐观词汇

使用同一意思却带有不同情绪的词汇传递给听者的意思是有很大差别的。例如，"我试着做到最好"与"我将尽力做得更好"。一个词的差别表明了态度，也含有态度对自我暗示的作用。大人物们的言辞往往就有这样的特点：他们常常使用乐观词汇，诸如"我们即将成功""喔，车子出了点儿小问题，感谢上帝，我们终于可以下车休息一会儿了。"

我们虽然不是大人物，但可以仿效他们，试着学会使用一些乐观词汇来加强激励效果。

4. 避免俗套

我们都知道在写作文的时候应该使用一些有新意的词汇，避免俗套。比如，表达"清晨"这个意思就有许多不同的说法，如"天色微明""东方泛起鱼肚白""天刚蒙蒙亮""窗户纸发白"等好多种说法。再如，描绘花卉色彩，仅以"绿色"来说，就有"墨绿""嫩绿""绿油油""蓝绿"等等。在写作文时，应该根据描绘的对象的特点，选择不同的说法，文章的语言自然就会新颖生动。

　　和写作文的道理一样，说话时用词也应该有所挑选，否则千篇一律，就如同嚼蜡一样无味。比如你给设计人员提出要求，与其说"这次的方案一定要新颖，要吸引人眼球……"就不如说"把你的设计要做得像'麦当娜'那样引人注意"给人留下的印象更深。

　　总之，你要学会用最合适的表达方法表示出最佳意思，平时要多琢磨，不断积累和掌握丰富的词汇，更要在开口前认真推敲，才能从中筛选出最恰当的语言来描述它。

漂亮话能增加你的亲和力

　　"亲和力"一词最早出现在化学领域里，是特指一种原子与另外一种原子之间的关联特性，现在越来越多地被用于人际关系领域，用来形容某人让别人觉得亲近，没有心理上的隔阂。这样的人让人感到友好，因此备受欢迎。他们有一些共同的特点，就是爱笑，对人说话和气，喜欢主动帮助别人，从不与人争吵等等。

　　玫琳·凯公司是一家世界级的化妆品公司。其创始人玫琳·凯女士为了扩大自己公司产品的影响，要求公司的所有员工包括她自己都使用公司的产品，理由是，如果凯迪拉克轿车的推销员开着福特轿车四处游说是不可能有人会买他的账的。那么，她是如何同职员交流这一想法的呢？

　　有一天，玫琳·凯看到她们的一位经理正在使用另一品牌的唇彩。她有些生气但并没有发作，而是走到那位经理桌旁，微笑地说道："我的上帝，你不会是在使用别的品牌的产品吧？"她的口气轻松，表示不解地耸耸肩。那位经理的脸微微地红了，对着玫琳·凯愧疚地微笑着，所有人都以为老板会惩罚她，但玫琳·凯并没有那么做。几天后，她请那位经理到自己的办公室，送了一套公司的口红给她并对她说："如果在使用过程中觉得有什么不适，或者有什么好的建议，欢迎你及时告诉我。但是希望你不要再做其他品牌的义务宣传员了。"再后来，公司所有的员工都拥有了一整套玫琳·凯的化妆品和护肤品。

　　玫琳·凯正是以她亲和、友善的态度与员工打成一片，成功地灌输了她的经营理念。亲和力就是有这样神奇的力量，能消除人与人之间的隔膜，进而使传达者有效地把自己的思想传递给被传达者。

几乎每一个人都希望自己能成为一个让大家喜欢的有亲和力的人，然而却总有些人莫名其妙地把人际关系搞得剑拔弩张，究其原因，这些不具有亲和力的人身上多数都存在着影响正常交际的因素，比较常见的有以下几种：

1. 孤芳自赏

这类性格的人多数比较恃才傲物，其表现为对人说话语言凌厉，常对别人的所作所为和喜欢爱好漠然置之，不屑谈交际对象关心的话题，觉得自己的喜好和想法才是有品位的。对某些方面不如自己者，他们要么不屑一顾，要么恶语相向；更有甚者，以己之长，量人之短，拿取笑别人当乐事。

2. 自轻自贱

与孤芳自赏相反，自轻自贱的人总是缺少信心，自己都看不起自己。这些人缺乏主见，不敢表达出自己的想法，常看别人眼色行事，犯一点错都怕得要命。自轻自贱一般多发生在性情软弱的小人物身上。由于地位卑微，总觉得别人瞧不起自己。这类性格的典型人物是契诃夫的小说《一个小公务员之死》中的主人公——一个小公务员。在看戏时打了个喷嚏，口水不小心喷到了前排的将军身上，他便认为自己铸成了大错，便当场连连道歉，后来又三番五次去将军家说明他并非故意。耐性有限的将军终于发怒了，把他轰出门去。谁知这一轰，竟把他吓死了。这类可悲的人物恐怕只能用轻贱来形容了，相信没有一个人愿意跟这样的人交往。

3. 适应能力差

在社交中适应能力差主要表现在：在熟人跟前风度翩翩，侃侃而谈，一见生人就会举止失措、语无伦次、脸红心跳、严重失态。适应性差的人在交际活动中大多都抱着"能躲就躲"的心态。你不主动表现自己，当然也就没人知道你的内秀了。

4. 固执保守

这类人不喜欢接受新事物，当人们谈论起新生事物的妙处时他总是不失时机地"泼冷水"；当别人都在用 MP3 听音乐时，他仍然拿着古老的随身听不肯更换。他们对合乎自己脾胃的生活习俗能欣然接受，对跟自己习惯有异的东西却拒不接纳，任谁劝说也不肯尝试，不肯改变。周围的人都在跟着时代的发展而前进，只有这类人还在原地踏步，慢慢地自然与大家没有了共同语言。

5. 过分严肃，缺乏幽默

人与人的交际中需要一些放松，更需要一些幽默感，否则就会让人感觉"拒人于千里之外"了。

仔细对照一下自己，看看以上五条你占了几条。如果答案大于零，那你就需要好好地改变一下形象了，不妨从以下几点做起。

（1）平时对人宽容、谦让，得饶人处且饶人，尽量不要与人发生冲突。

（2）尊重别人，与他们平等对话，遇见比自己地位高的人不要巴结献媚，遇见比自己地位低的人不要盛气凌人。

（3）积极地帮助别人，这并不是要你做雷锋，但举手之劳的事情千万不可推卸。另外，不要斤斤计较地算计回报。

（4）学会微笑，微笑就是亲和力最好的招牌，这种看似无意的表情能让你看起来很亲切。

（5）要知道你不可能做一个所有人都喜欢的人，选举中你很难赢得 100％ 的支持，记得你只需要多数人的认可就行，千万别为了讨好别人违背了自己的原则，勇敢地坚持自己的立场会让你更有人格魅力。

做到了这几点后，其实你已经开始克服你的缺点了。要继续调整自己的交际心理，做到不孤芳自赏，不自轻自贱，见机行事，学会适应各种交际环境，尝试以幽默、乐观的态度参与交际，或许不久，你就会成为最有亲和力的大师了。

第四章

会说俏皮话，圆融地应对人际关系

　　一个具有幽默感的人，能时时发掘事情有趣的一面，并欣赏生活中轻松的一面，建立起自己独特的风格和幽默的生活态度。这样的人，容易令人想去接近；这样的人，使接近他的人也分享到轻松愉悦；这样的人，更能增添人生的光彩，更能丰富我们生活的这个社会，使生活更具魅力，更富艺术。

说话幽默，人见人爱

在人际交往中，我们不难发现，有幽默感的人不管在哪里都会受欢迎，因为人们总是可以从那些幽默的话语中得到放松和快乐。最明显的是，在餐桌上，在聚会中，有幽默感的人可以带动全场的气氛，让人们真正能感到聚餐的愉快。还有一种常见的情况是，我们总是喜欢听一些"名嘴"说话，并不是因为他演讲的内容有多不同凡响，主要是因为他们的幽默能让听者笑声连连，也是这种幽默的魅力使许多人成了他们的忠实"粉丝"。

可见，幽默作为"漂亮话"的一种，有着很大的力量。

有幽默感的人可以为自己创造魅力，而这种魅力正是一个人的无形资产。

有位名人说过："幽默是一种看待万事万物都显得'新奇有趣'的生活态度。"幽默更是一种成熟睿智的最佳表现。

1. 幽默可以避免自己尴尬，是最敏捷的沟通感情的方式，它能迅速地融洽气氛，摆脱尴尬。

2. 幽默可以使人在受气时，以轻松诙谐的方式，理智地回击对方，达到讽刺的目的。

人们在受到不公正待遇时往往会因愤怒而失去冷静，反击方式通常也是硬邦邦地出言不逊，结果没解决问题不说，反而使僵局更僵了。

而幽默则可以巧妙的语言体面地给对方以反击，收到不会让局面变得更糟又恰如其分地反击的双重效果。

有位作家某次到一家杂志社去领取应付未付的稿费。

可是出纳却对他说："很抱歉，先生，支票已开好了，但是经理没有签字，所以今天领不到钱。"

"他为什么不签字？这是早就该付的款！"作家有些生气。

"他因为脚跌伤了，躺在床上。"

"啊！看来是没办法了，我真希望他的脚早点好。这样我就能目睹他是用哪只脚签字了！"

这位作家幽默的高明之处在于没有直接说出对方那种推诿理由是荒谬的，是缺乏说服力的，而是顺着对方的话，惯性思维下去，让对方清楚地感到自己的愤慨，并让他哑口无言。

3. 幽默可以化冲突为喜悦，变危机为幸运；在充满火药味的场合，也可以成为最佳的缓和剂，帮助你摆脱困境。

保罗·纽曼是美国著名的影星，他凭借精湛的演技和叛逆的形象，成为好莱坞最受瞩目的男演员。

1982 年，他在纽约布鲁克林大学新设电影系之际，特地访问该校，同时主持了新片《恶意的缺席》的试映会，还参加了学生的座谈。

其间的气氛一直不错，直到有一位学生很不满意地说："我从收音机听到这部电影的广告——最后一场是拼得你死我活的枪战场面，可是实际上，片尾非常平静和平，像这种虚伪的广告宣传实在让人难以接受。"

这位学生的话让现场的气氛顿时变得十分紧张。众人把目光都集中到了保罗·纽曼身上。这时，他回答说："我完全不知道广播电台的广告内容。不过，下一次的片尾一定会出现激烈的射杀场面。镜头上出现的是：我用枪打死了那位播音员。"

他幽默的回答引起了哄堂大笑，化解了紧张的气氛，赢得了影迷的爱戴。

总之，"幽默"的好处多多，能缓解紧张气氛、消除疲劳、使人际交往更加和谐；化危机为转机，突破困境、反败为胜……具有愉悦、美感、批评、教益、讽刺等作用，幽默在合适的场合，合适地使用，不仅能帮助人们应付各种矛盾和尴尬，而且能够体现一个人的豁然大度，让人们的语言充满了生活智慧。一句得体的幽默会消除一场误会，一句巧妙的幽默言辞胜过好多句平淡无味的攀谈。

可以说，幽默是一种智慧的表现，想要随时随地说出活泼、生动、有趣的漂亮话，就要求我们有较高的文化素养和较强的驾驭语言的能力。平时，要注意加强自己的语言修炼，丰富知识。这样说起话来才会得心应"口"。从技巧上来说，仅需在言谈中采用多种巧妙修辞和逻辑的方法，便可以产生奇妙的力量，以下几种较常见的方式可以借鉴。

（1）适度夸张

运用夸张的方去来表现幽默，效果也非常鲜明。有这样一则故事，房客对店主说："昨晚我睡不着，太冷了，窗上有洞，房间里又有一点儿烛光，我实在睡不着。"店主奇怪地说："那你为什么不把蜡烛吹灭呢？"房客说："吹不灭的，因为那球形的火焰结了冰了。"在这个故事中，房客运用夸张式的幽默语言，既巧妙地批评了旅店太冷，又避免了与店主正面发生冲突。

（2）一语多意

抗日战争胜利之后，张大千要从上海返回四川老家。梅兰芳等好友设宴为他饯行，宴会刚开始，大家请张大千坐首座。张大千却说："梅先生是君子，应坐在首座，我是小人，应陪末座。"大家都不解其意。张大千说："有句话说，'君子动口，小人动手'。梅先生唱戏动口，我作画是动手，我应该请梅先生坐首座。"满堂来宾拍手称赞，并深深为张大千先生不计世俗名位的豁达胸怀所折服，更生敬仰之心。

（3）巧用谐音

借助同音字的谐音关系，也可用来表现幽默。例如，有个男孩爱慕一个女孩很久了。终于有一天，他决定对心仪的女孩子表白了，他问她："你喜欢什么样的男孩？"女孩想了想说："我喜欢投缘的。"男孩故意叹了口气说："一定要头圆吗？稍微有点方不行吗？"

（4）妙用对比

有一家帽店，一位女营业员滔滔不绝地对一位顾客说："这是一顶很吸引人的帽子，戴上它你会年轻十岁！"这位顾客觉得其价格有点儿贵，可又不好意思直接拒绝营业员，便灵机一动，说："那我不能买了，因为我摘了这顶帽子又要老十岁了。"

（5）正话反说

某人家的房屋漏雨，几次请求修缮都没有结果。一天，单位领导视察民情，也问及他的房子一事。人们以为他会大诉其苦，却没想到他微微一笑说："还好吧，也不是经常漏，只是下雨时才漏。"妙语博得领导一阵大笑。几天后，修房问题妥善解决。

（6）词语别解

在公共汽车上，因突然刹车，一位男青年无意中撞了一位女士，女士愤恨地说："德性！"众人都将目光聚到了男青年身上，只见男青年一本正经说了一句话："不好意思，小姐，不是德性，是惯性。"车上的人顿时哄然大笑，女士也笑了，男青年于是表示了歉意，车上紧张的气氛也随之消失了。

（7）偷换概念

有个人很喜欢艺术，却不愿意在此事上多花钱，平时只是去画廊看看，从不买东西。她还振振有词地说，对艺术的美仅限于欣赏。那天她在画廊一边欣赏一幅油画，一边坐下来夸赞道："多么漂亮的色彩啊！多么不凡的天才之作！"她悄声对站在旁边的画家说："我真希望能够把这些奇异的色彩带回家。""你会如愿以偿的，"画家答道，"你正坐在我的调色板上。"

（8）反话正说

所谓反话正说，就是把反话正过来说，使之形成明显的反差。其最主要的方法是"贬义褒用"。秦始皇吞并六国前，意欲扩大御花园，大量饲养珍禽异兽，这是件要消耗大量民力国力的事，可是皇上的命令谁都不敢违抗。当时，有个侏儒叫优旃，他能言善辩，对秦始皇说："好，这个主意很好，多养珍禽异兽，敌人就不敢来了，即使敌人从东方打过来，只需下令梅花鹿用角把他们顶回去就可以了。"秦始皇听出其中的意思，觉得确实不应这么做，终于收回成命。

上面列举的只是几种常用的方法。在实际运用时，应因人、因时、因情、因境而异。要知道，幽默只是手段，并不是目的。不能为幽默而幽默，一定要根据具体的语境，适当选用幽默话语，方能不落俗套，为人们所喜闻乐见，否则，故作幽默，反而弄巧成拙。

使用幽默可以摆脱窘境

在日常生活中，常有人由于不慎而使我们身处窘境，或是向我们提一些非分的请求，或是问一些我们不好回答或暂时不知道答案的问题。此时，我们如果直接表明"不满意""不可能"或"无可奉告""不知道"往往会给彼此带来不快。

如果我们想从窘境中脱身而出，不妨借用幽默的力量。

有一次，英国上院议员里德在一篇演讲将近结束时，听众都很认真地望着他，都在倾耳听着每一个字，但就在这时候，突然有一个人的椅子腿断了，那个人跌倒在地上。如果这时做演讲的不是像里德这样灵巧的人，恐怕当时的局面会对演讲产生一种破坏性的影响。但是聪明的里德马上说："各位现在一定可以相信，我提出的理由足以压倒别人。"就这样，他立刻就恢复了听众的注意，而那个跌倒的人也在别人善意的笑声中，找到了一个新座位。一个幽默使双方都从窘迫的情形中脱身而出，里德就这样取得了胜利。

如果我们不得不拒绝别人的非分要求，不妨采用一点幽默来达到自己的目的。有一次，法官布洛肯布鲁请约克逊将军把他的军事秘密告诉他。布洛肯布鲁原是将军的好友，将军不想拒绝他的请求，怕使他难堪，而同时又觉得告诉他不好，于是他便这样应付：

"法官大人，你能绝对保守秘密吗？"将军问。

"将军阁下，那当然，我想我是能够的。"

"那么，法官大人，我也能够。"将军答道。

法官听了这种很巧妙的拒绝，心中不但没有感到不高兴，而且觉得很有趣。许多年以后，每当他们两个回忆起这件事的时候，都觉得很有意思。

　　如果我们面临不好回答的问题，而又不能以"无可奉告"进行简单的说明，不妨找一个幽默一笑了之。

　　1972 年，在美苏最高级会谈前的一次记者招待会上，有人向基辛格提出了一个所谓的"程序性问题"："到时你是打算点点滴滴地宣布呢，还是倾盆大雨地、成批地发表协定呢?"

　　基辛格沉着地回答："你们看，他要我们在倾盆大雨和点点滴滴之间任选一个，无论我们怎么办，总是坏透了。"

　　他略微停顿了一下，接着，一字一板地说："我们打算点点滴滴地发表成批声明。"

　　在一片轻松的笑声之中，基辛格解答了这个棘手的问题。

　　处在窘境中的人就像站在悬崖上，前面是深渊后面是追兵。这时幽默语言引发的笑声，就像突然长出的翅膀，能使人摆脱进退维谷的境地。

运用幽默的方式提意见

用幽默的方法来提出意见，往往能产生耐人寻味的效果。

有一个酒店老板，脾气非常暴躁。一天，有个客人来喝酒。客人才喝了一口，嘴里便叫："好酸，好酸！"

老板大怒，不由分说，把客人绑起来，吊在屋梁上。这时来了另一个顾客，问老板为什么吊人。老板回答："我店里的酒明明香醇甜美，这家伙硬说是酸的，你说该不该吊？"

来客说："可不可以让我尝尝？"老板殷勤地给他端了一杯酒，客人呷了一口，酸得皱眉眯眼，对老板说："你放下这个人，把我吊起来吧！"

后一个顾客的回答是很机智的，他尝到了酒酸，但不说个"酸"字，却幽默地请老板把自己吊起来。这样说，显得含蓄，既产生了强烈的讽刺效果，而且显得有艺术。

传说汉武帝晚年时很希望自己长生不老。一天，他对侍臣说："相书上说，一个人鼻子下面的'人中'越长，命就越长；'人中'长一寸，能活百岁。不知是真是假？"

东方朔听了这话，知道皇上又在做长生不老梦了，脸上露出一丝讥讽的笑意。皇上见东方朔似有讥讽之意，面有不悦之色，喝道："你怎么敢笑话我？"

东方朔脱下帽子，恭恭敬敬地回答："我怎么敢笑话皇上呢？我在笑彭祖的脸太难看了。"

汉武帝问："你为什么笑彭祖呢？"

东方朔说："据说彭祖活了八百岁，如果真像皇上刚才说的，'人中'就有八寸长，那么，他的脸不是有丈把长吗？"

汉武帝听了，也哈哈大笑起来。

东方朔是聪明的，他用笑彭祖的办法来幽默地讥讽汉武帝的荒唐，面对这种批评，汉武帝也愉快地接受了。

1890年，美国著名的幽默作家马克·吐温和一些社会名流参加道奇夫人的家宴。不一会儿，就出现了大宴会经常发生的情况：人人都在跟旁边的人谈话，而且同一时间讲话，慢慢地，大家便把噪音越提越高，拼命想让对方听见。

马克·吐温觉得这样有伤大雅，太不文明了。而如果这时大叫一声，让人们都安静下来，其结果肯定会惹人生气，甚至闹得不欢而散。怎么办呢？

马克·吐温心生一计。他对邻座的一位太太说："我要把这场骚乱镇下去。我要让这场吵闹静下来，法子只有一个，可是我懂得其中奥妙。您把头歪到我这边来，仿佛对我讲的话非常好奇，我就这样低声说话，这样，旁边的人因为听不到我说的话，就会想听我的话，我只要叽叽咕咕一阵子，你就会看到谈话会一个个停下来，便会一片寂静，除了我叽叽咕咕的声音外，其他什么声音也没有。"

接着，他就低声讲了起来："11年前，我到芝加哥去参加欢迎格兰特的庆祝活动时，第一个晚上设了盛大的宴会，到场的退伍军人有600多人。坐在我旁边的是××先生，他耳朵很不灵便，有了聋子通常有的习惯，不是好好地说话，而是大声地吼叫。他有时候手拿刀叉沉思五六分钟，然后突然一声吼叫，会吓你一跳，跳出美国。"

说到这里，道奇夫人那边桌子上起义般闹哄哄的声音小下来了。然后寂静沿着长桌，一对对一双双蔓延开来，马克·吐温用更轻的声音一本正经地讲下去："在××先生不作声时，坐在我对面的一个人对他邻座讲的事快讲完了。……说时迟，那时快，他一把揪住她的长头发，她尖声地叫唤、哀求着，他把她的领子按在他的膝盖上，然后用剃刀猛然一划……"

到这时候，马克·吐温的玩笑已经达到了目的，餐厅里一片寂静。马克·吐温见时机已到，便开口说明为什么他要玩这个游戏，是请他们把应得的教训记在心头上，从此要讲些礼貌，顾念大家，不要一大伙人同声尖叫，让一个人讲话，其余的人好生听着。大家听了，哄堂大笑，只是个个表情都有些尴尬。

　　如果每个人都能把直言而实的意见变成幽默语言，那么不仅能表达自己的意见，而且能让对方在笑声中轻松接受你的意见。

巧用幽默化干戈为玉帛

幽默不仅能够活跃谈话气氛，如果运用得好，还能化干戈为玉帛，就拿谈判来说，一般人都会认为，谈判是很庄重与严肃的。其实谈判中运用幽默技巧，可以缓和紧张形势，营造友好和谐的气氛，也就缩短了双方的心理距离，钝化了对立感。因此，幽默能使你在谈判中左右逢源，常常在"山重水复疑无路"时变得"柳暗花明又一村"。因为，谈判时具有幽默心理能使你情绪良好、充满自信、思路清晰、判断准确。

谈判中要使自己进退自如，没有幽默力量帮助是难以达到预期的效果的。

1959 年，美国副总统尼克松访问苏联。在此之前，美国国会通过了一项关于被奴役国家的决议。赫鲁晓夫在与尼克松的会谈中激烈地抨击了这个决议，并且怒容满面地嚷道："这项决议很臭，臭得像马刚拉的屎，没什么东西比这玩意儿更臭了!"作为国家元首，这样的场合，这样的讲话有失体面。

尼克松曾认真地看过关于赫鲁晓夫的背景材料，得知他年轻时曾当过猪倌，于是盯着赫鲁晓夫，说："恐怕主席说错了。还有一样东西比马屎更臭，那就是猪粪。"

谈判桌上，赫鲁晓夫无所顾忌，出言不逊，好在尼克松幽默诙谐，暗藏机锋。否则，两人大吵大嚷，那么谈判就成了市井中的吵架、撒野了。

适度的幽默能够建立良好的气氛，让大家精神放松，进一步密切双边关系。这样就可以营造一个友好、轻松、诚挚、认真的合作氛围，对谈判双方来说，都是具有实质性意义的。

1943 年，英国首相丘吉尔与法国总统戴高乐由于对叙利亚问题的意见产生分歧，两人心存芥蒂。直接原因是戴高乐宣布逮捕布瓦松总督，而此人正是丘吉尔颇为看重的，要解决这一件令双方都颇为棘手的事，只有依靠卓有成效的会晤了。

丘吉尔的法语讲得不是很好，但是戴高乐的英语却讲得很漂亮。这一点，是当时戴高乐的随员们以及丘吉尔的大使达夫·库柏早就知道的。

这一天，丘吉尔是这样开场的，他先用法语说道："女士们先去逛市场，戴高乐，其他的先生跟我去花园聊天。"然后他用足以让人听清的声音对达夫·库柏说了几句英语："我用法语对付得不错吧，是不是？既然戴高乐将军英语说得那么好，他完全可以理解我的法语的。"戴高乐及众人听后哄堂大笑。

丘吉尔的这番幽默消除了紧张，建立了良好的会谈气氛，使谈判在和谐信任中进行。

每个人的思想不可能完全相同。因此，当意见不一致时，要学会运用幽默来化解，避免让双方进入对话的死胡同，从而化干戈为玉帛。

通过幽默的话拒绝别人

拒绝并不一定是一件严肃的事，适当地在拒绝别人的时候加入一些调笑剂，不仅能让对方不难堪，而且你自己心里也不会有太多的压力和内疚。事实上，拒绝可以是一件轻松的事情。

雨果成名后，一张张请帖雪片似的飞来，怎么办？直接拒绝显得没有礼貌，于是他想出了个好办法：拿起剪刀，咔嚓咔嚓，把自己的半边头发和胡子剪掉。当有人敲门进来说"请您参加……"时，雨果笑嘻嘻地指着自己的头发和胡子说："哟，我的头发真不雅观，真遗憾！"邀请者见状，哭笑不得，只好悻悻而走，却又因此情此景而大大消除了被谢绝引起的不悦。当雨果的头发长齐后，又一部巨著问世了。

即使是同样性质的谢绝，我们也无意要大家东施效颦地去学雨果剃"阴阳头"的做法。然而，故事给我们的启迪在于：任何拒绝，一般都不会令人愉快，为此，我们就要想方设法使用幽默诙谐的手法，将对方这种不悦心情减少到最低限度。

有一次，林肯受邀被要求在某个报纸编辑大会上发言，林肯觉得自己不是编辑，却出席这种会议，很不相称，所以，想拒绝出席这次会议。他是怎样做的呢？

他给大家讲了一个小故事："有一次，我在森林中遇到了一个骑马的妇女，我停下来让路，可是她也停了下来，目不转睛地盯着我的脸看了很长时间。她说：'我现在才相信你是我见到过的最丑的人。'我说：'你大概讲对了，但是我又有什么办法呢？'她说：'当然你生就这副丑相是没有办法改变的，但你还是可以待在家里不要出来嘛！'"大家为林肯的幽默哑然失笑了。

林肯借妇女之口对自己的相貌嘲笑了一番，主旨在于暗示他并不愿出席这个编辑大会，让人在笑声中淡忘了被拒绝的尴尬，将遗憾缩减到了最低限度，并且林肯也取得了对方的支持与谅解。

　　运用诙谐的手段让彼此开怀，让别人愉快地接受拒绝，不失为处世良方。

用幽默化解别人的怒气

　　幽默往往是缓解紧张、消除畏惧、平息愤怒的最好方法。在别人生气时，不妨用幽默来消除他的怒气。

　　一个可怜的、庄严的省议员觉得受到了别人的侮辱，他顿时怒气冲天。他迫不及待地想报复，但一时又找不到什么方法，结果，他的行为举止好像一个小学生在遇到同样困难时的举动一样幼稚。这时，小学生往往是去找老师告状，要求老师去惩罚他的敌人，这个议员则是去主席那里申诉。

　　这个议员找的是麻省省议会的主席柯立芝。这个议员所受的委屈使他相信柯立芝一定会替他当场主持公道的，但是，柯立芝却以一种非常幽默的口气对付过去了。

　　纠纷是这样引起来的。当一个议员在做一篇很漫长的演讲时，他觉得对方占用的时间太长，就走到对方跟前低声说："先生，请你能不能快点……"话未说完，那个正在演讲的议员便回过头来，用严厉的口气低声呵斥他道："你最好出去。"然后仍旧继续其演讲。于是，这个受了委屈的议员走到柯立芝面前说："柯立芝先生，你听见某某刚刚对我说的话了吗？"

　　"听见了，"柯立芝不动声色地答着，"但是，我已经看过了有关的法律条文，你不必出去。"

　　这种回答实在是太聪明了。柯立芝把那位议员的愤怒当成了玩笑，他不让自己卷入这种儿童式的争吵的旋涡中去，就是因为他能看出这种无聊的争吵的幽默之处。

　　机智的人不仅善于以局外者的身份化解他人的争吵，而且更善于化解在与人交往时因发生矛盾而出现的僵局。

　　有一天，在拥挤喧闹的百货大楼里，一位女士愤愤地对售货员说：

"幸好我没有打算在你们这儿找'礼貌'，在这儿根本找不到!"

售货员沉默了一会儿说：

"你可不可以让我看看你的样品?"

那位女士愣了一下，笑了。

售货员的幽默，打破了与顾客间的僵局。

当事情非常紧张或者很严重的时候，能在这种白热化的僵局中看出其中所包含的幽默成分，这样便能镇定自若，超然物外。

让幽默增添自身的魅力

时光能带走娇美的容颜，却无法让幽默和睿智的魅力褪色。聪明人懂得怎样用幽默来增添自身的魅力。

乔羽不但歌词写得好，而且话也说得妙，乔羽的幽默诙谐、能"侃"会说在京城文艺圈内久负盛名。

据报载，某年6月中旬，中国民族声乐比赛初评在武汉举行，乔羽是评委之一。在有火炉之称的武汉一天三班的连续听录音，对65岁的乔羽可不轻松。为了解闷，乔羽不断地抽烟，一边抽还一边念念有词："革命小烟天天抽。"也是评委的歌唱家邓玉华为乔羽补充了三句，成了一首打油诗："革命小烟天天抽，遇到困难不犯愁；袅袅青烟佛祖嗅，体魄康健心长愁。"乔羽听罢，微微一笑，他联想到邓玉华每餐节食的情景，也回敬了一首："革命小姐天天愁，腹围过了三尺九；干脆天天吃肥肉，明天又到四尺九。"众人听后都捧腹大笑，连日来的劳累烟消云散。

乔羽不是美男子，由于头发稀少，不熟悉他的人，往往容易将65岁的乔羽判断为七八十岁的老人。但乔羽从未感到自己老了，他说："我从18岁就开始脱发了，看来是不会再长了，索性毛全掉光，成了'老猴子'，倒用不着理发了。我心里从没有感到老。年龄是你的一种心理上的感受，你觉得自己老了，即使年轻也就真的老了；你觉得自己还年轻，即使老了你也还年轻。"这段话充分展示了乔羽乐观向上的精神面貌，他善于幽默自己，他用自嘲的手法跟自己开起了玩笑，不言头发而称"毛"；并自喻"老猴子"，让人闻之不禁莞尔，而"倒用不着理发了"一句则在幽默之中透露出了乔羽的豁达心境。

启功先生的前半生可以说是充满坎坷和艰辛，1岁丧父，母子二人便由祖父供养。10岁祖父过世，家道中落，一贫如洗，再无钱读书，由于得到祖父门生极力相助，才勉强读到中学，但尚未毕业。由于个性坚强，不愿再拖累别人，便决心自谋生路。经祖父的门生傅增湘先生介绍，认识辅仁大学校长陈垣，经陈垣介绍，两次工作皆因没有文凭而被炒。但他却没有绝望，一边靠卖字画为生，一边自学，最后终于在辅仁大学谋到一个教职。此后，在陈垣校长的耳提面命之下，取得长足进步。

经过无数人生历练的启功先生，不但在艺术上取得了非凡的成就，而且也在心灵上步入了大彻大悟之境，生命中充满着一种"身心无挂碍，随处任方圆"的大气和洒脱。

启功先生成名之后，便经常有人模仿他的笔墨在市面上出售。有一次他和几个朋友走在大街上，路过一个专营名人字画的铺子，有人对启功说："不妨到里面看看有没有你的作品。"启功好奇，大家就一起走进了铺子，果然发现好几幅"启功"的字，字模仿得也真够到家，连他的朋友都难以辨认，就问道："启老，这是你写的吗？"启功微微一笑赞道："比我写得好，比我写得好！"众人一听，全都大笑起来。谁知说话之间，又有一人来铺里问："我有启功的真迹，有要的吗？"启功说："拿来我看看。"

那人把字幅递给他。这时，随启功一起来的人问卖字幅的人："你认识启功吗？"那人很自信地说："认识，是我的老师。"问者转问启功："启老，你有这个学生吗？"作伪者一听，知道撞到枪口上了，刹那间陷于尴尬、恐慌、无地自容之境，哀求道："实在是因为生活困难才出此下策，还望老先生高抬贵手。"启功宽厚地笑道："既然是为生计所害，仿就仿吧，可不能模仿我的笔迹写反动标语啊！"那人低着头说："不敢！不敢！"

说罢，一溜烟地跑了。同来的人说："启老，你怎么让他走了？"启功幽默地说："不让他走，还准备送人家上公安局啊？人家用我的名字，是看得起我，再者，他一定是生活困难缺钱，他要是找我借，我不是也得借给他吗？当年的文征明、唐寅等人，听说有人仿造他们的书画，不但不加辩驳，甚至还在赝品上题字，使穷朋友多卖几个钱。人家古人都那么大度，我何必那么小家子气呢?"

启功的襟怀比之古人，可以说是有过之而无不及。

幽默是一种心境、一种状态、一种与万物和谐的"道"。

≋ 第五章

会说攻心话，轻松开启说服之门

每个人都是有思想的，没有谁愿意甘心接受别人的观点，你只有从内心真正说服对方，才能够让对方认同你的想法，接受你的观点。所以，说服别人时，你必须要掌握一定的技巧，让你的道理充分，无懈可击，让对方心服、口服，外加佩服，切不可以权压人，让人心生抱怨，口服心不服。

直说不如婉求，劝导不如诱导

中国人做事很讲究面子，在求人办事时，前面总得有些铺垫，再将谈话的重点意思说出，才觉得水到渠成。

一般来说，在说正题之前至少得先有这样两段：

第一段是谈寒暄、评气候。诸如"尊姓大名""久仰""今日天气如何"等等。林语堂称之为气象学的内容，它们在人们的生命空间中确实也有很大的共同性，不至于遭到抗拒。

第二段是叙往事、追旧谊。林语堂戏称之为"史学"。这就显得深一层了，要从大众皆有的生命空间过渡到彼此较为特殊的那一块。同学、校友、老乡、同事、伙伴都可是这一席话的切入点。这一段非常重要，对双方感情的融洽、拉近心理距离起着决定性作用。

这段话说得越煽情，你的请求就越不容易被拒绝。最好是能说得两人"两眼泪汪汪"的时候，你再说出"有点儿小事想请你帮忙"。这时，就显得自然随意，不那么突兀，也容易被接受。

这是最常规的求人方法，求一些的确能沾亲带故的人办一些小事，这些方法颇为见效。但有时候，有些话不太好说出口，或是没有太充足的理由，或是摸不准对方的反应，直说怕被拒绝时，可以用婉转的方法来表达。

想让人按你的想法去做事，有时对方难以一下接受这样的改变，任你好话说尽也未必有效果，这时不妨诱导对方一步一步往里走，一点点地接受你的请求。

美国《纽约日报》总编辑雷特想找一位精明干练的助理，他将目光瞄准了年轻的约翰·海，他需要他帮助自己成名。而当时，约翰刚从西班牙首都马德里卸除外交官职，正准备回家乡伊利诺伊州从事律师业，雷特知道，如果直接说想请他来当自己助理，恐怕约翰·海一下子难以接受。

后来，雷特以朋友的身份请他到联盟俱乐部吃饭。席间，他提出邀请约翰·海到他的报社去看看，约翰·海当然不会拒绝，这时，雷特收到一条重要国外新闻。他便借机对约翰说："我收到一条重要消息，我的编辑现在不在，你能不能帮我为明天的报纸写一篇社论。"这对约翰来说太容易了，于是他欣然接受。社论写得很棒，约翰感到很自豪，雷特看后也很赞赏，于是便请他帮忙一星期，后来又延长到一个月，最后干脆让他就担任起这一职务。约翰就这样在不知不觉中放弃了回家乡做律师的计划，而留在雷特的报馆做记者了。

运用这一策略一定要注意：诱导别人必须能引起对方的兴趣并在开始时先让他得到一点小胜利，他的兴趣被你调动起来、渴望成功的意识也被你刺激到的时候，他就会很自然地接受你的请求，你的诱导也就成功了。

不妨给对方"温柔"一击

我们都知道，和颜悦色地用提问的方式比命令更容易说服别人，毕竟人都是有思想的，没有谁喜欢受别人思想的支配。

有一位中学老师接管了全校成绩最差班班主任的工作，正好赶上学校安排各班级学生参加平整操场的劳动。这个班的学生一向懒惰成性，三人一群五个一伙地躲在阴凉处聊天，谁也不肯干活儿，老师气得又批评又命令，但学生们谁也不理他那一套。

后来老师实在没有办法，就请来了教导主任，教导主任和老师的处事方法完全不一样，他到了以后问学生们："我知道你们并不是怕干活儿，是因为太热了吧？"学生们当然谁也不愿承认自己懒惰，就七嘴八舌说，"天气太热了。"主任又说："既然是这样，那就等到太阳下山再干吧，你们现在可以痛痛快快地先玩一会儿。"学生一听自然就高兴了。这时主任又给他们拿来许多冰镇矿泉水来解暑。在说说笑笑的玩乐中，学生接受了主任的说服，不等太阳落山就开始愉快地劳动了。

主任说服成功的原因就在于他能够以心换心，先站在学生的立场上分析问题，给他们一种"为他们着想"的感觉，然后再退一步说出要求，语气温和，合情合理，学生们自然也就比较容易接受了。这种自己先退一步的方法，通常能收到较好的结果。

某精密机械公司生产某项新产品，将其部分部件委托给一家小工厂制造，当这家工小厂将零件的半成品送交到机械公司检测时，不料全部都不合格。公司的经理又着急又生气，时间迫在眉睫，必须马上重新做，然而那家小工厂的负责人却说是严格按照合同制作的，拒绝重做，于是双方僵持了好几天。后来经理实在看不下去了，他意识到必须要扭转局面。于是他就又找到小工厂的负责人，说："我想这件事确实由我公司方面设计不周所致，而且还令你白忙了一场，实在抱歉。只是事到如今，事情总是要完成的，我们给客户不能按质量交任务，也会妨碍给你们结账，所以……我只能请你们再辛苦一下，将它制造得更完美一点儿，这样对你我双方都是有好处的。您说呢?"那位小厂负责人听完，觉得也只好这么解决了，于是便欣然应允。

说服别人时，你努力寻找与对方一致的地方，先让对方在心里赞同你，然后再说出共同的利益点，使你们仿佛站在同一战壕里，这时你的好处也就成了他的好处，说服的话也就更容易被对方接受了。

还有一种不露声色的说服方式，就是使用引其向善的赞美。你希望对方怎么做就故意怎么说，当对方被你夸奖得很开心时，往往不用你正式去说服就会稀里糊涂地按你的意思去办了，等他发现自己"中计"时，你的目的也早就达到了。

家里的电灯坏了，妻子让丈夫修，可丈夫不是忘记就是太忙没有时间。这天，妻子实在忍受不了了，决定用一个巧妙的方法说服丈夫把电灯修好。就在吃饭时妻子对丈夫说："我听说你上高中时物理老是前三名，是真的吗?"

丈夫得意地说："那当然，那时候我们班我动手能力最强了。"

"是吗? 这么厉害呀，真让我佩服呀。可你会修电灯吗?"

"不信呀，就这破灯，20 分钟搞定。"

吃完饭丈夫立刻行动起来，果然没一会儿就修好了，妻子自然又说了很多赞美的话，当然心里也在偷着笑。

温柔说服的方法很多，但绝大多数都是从实际出发，并无夸张之意，有时候这些常规的方法都不能说服对方时，我们不妨也别出心裁尝试一下夸张的说法。

有一个小伙子固执地爱上了一个商人的女儿，但姑娘一直拒绝他，小伙子虽然人很优秀，长相也不错，可惜他有点儿驼背。

这天，小伙子又找到姑娘，鼓足勇气问："你相信姻缘天注定吗?"

姑娘看着执着的小伙子无奈地说了一句:"相信。"

小伙了高兴地接着说,"那太好了,我听说每个男孩出生之前,上帝都会告诉他将来要娶的是哪一个女孩。我出生的时候,未来的新娘便已经配给我了。上帝还告诉我,我的新娘是个驼背。我当时想,一个驼背的女人生活得一定不快乐。于是我就恳求上帝:'上帝啊,求你把驼背赐给我,再将美貌留给我的新娘吧。'所以,我就变成这个样子了,而我的新娘,就是……"

姑娘看着小伙子的眼睛,忽然觉得这个人很可爱,也很受感动。她把手伸向他,之后成了他最挚爱的妻子。

巧用逆反心理的说服

说服他人还可以利用逆反心理来进行，也就是通常所说的激将法，是故意说反话刺激对方以达到正面激励的效果，从而让对方接受建议的方法。生活中这种说服人的方法随处可见。

某公司进行人事制度改革，公开招聘中层干部。小张是本部门综合能力最高的人，他想揭榜应聘，可是又怕胜任不了，瞻前顾后，犹豫不决。其他同事把道理给他讲透了，他还不能做出决定。这时，一位同事实在没话可说了，便采取激将法："你平时看起来挺优秀的呀，怎么一到关键时刻这么窝囊呀！这么一点儿小事，你怕什么呢，却连个部门的担子都不敢挑，真让人看不起！"小张被这话一激，情急之下，当场揭榜应招。

激将法从古就有，最著名的例子就是《三国演义》中诸葛亮孤身去江东谈判说服孙权、周瑜的精彩故事。

刘备想与东吴的孙权联合抗曹，派诸葛亮到江东谈判。

诸葛亮并非开门见山地谈合作，而是先后与孙权、周瑜谈曹操兵力如何强大，天下无人能敌，极力劝他们投降曹操，以保全妻子富贵，甚至还说出了更过分的话，建议周瑜把江东最出名的两名美女大乔、小乔送给曹操，以求苟活。诸葛亮的这种做法明摆着是在侮辱他们胆小、无能，不能抵抗曹操。孙权、周瑜越听越气，简直怒发冲冠，当时便下定决心，联合刘备共同抗击曹操。诸葛亮正是恰到好处地使用了激将法完成了刘备交付他的任务。

可见，从古至今，激将法一直保持着它特有的魅力，成为最为有效的说服方法之一，在商战中合理应用也常常能有很好的效果。

甲橡胶厂进口了一整套价值百万元的现代化胶鞋生产设备，由于原料与技术力量供给不足，设备搁置了几年都无法使用。新上任的厂长觉得这样实在浪费资源，决定将这套生产设备转卖给乙橡胶厂。

在正式转让前，甲方从多方了解到乙方的情况：该厂虽经济实力雄厚，但基本上都投入了再生产，没有闲置资金，如果要马上腾挪百万元现款用于添置设备，比较困难。可在平时与乙厂长接触时，甲厂长觉得乙厂长很好强，平时做事都喜欢争第一，从来都不甘示弱，还常常以常胜将军自诩。

了解了乙方的这些情况，甲厂长突然想到了谈判的计策。

几天以后，甲厂长主动要求去乙厂参观，一圈下来，他说："你们的管理水平确实令人信服。厂长你也是年轻有为，能力非凡，真是让人佩服。"

乙厂长嘴上说："过奖了！过奖了！"其实心里早乐开了花。

甲厂长："我向来不会奉承人，这都是实话。不过呢……贵厂今天办得好，至于明天办得好不好，我可不敢说。之前，我打算把我们进口的那套现代化胶鞋生产设备卖给你们。但是现在……我觉得……"

乙厂长听到这里，不解其意，便问道："怎么，难道现在改变主意了？"

甲厂长说："贵厂现有的生产设备在国内看是可以的，至少三五年内不会有什么大的问题。关于转卖设备之事，我现有两个疑问：第一，不知贵厂是否有经济实力从我厂购买这样的设备；第二，买了设备，还要配备专门的管理、操作人员，不知贵厂现在是否有这个能力。"

乙厂长听到这些，觉得受到了甲方厂长的轻视，十分不快。于是，他用炫耀的口气向甲厂长夸下海口，表明他们厂有足够的经济实力购买并操作管理这套价值百万元的设备。

甲长厂顺水推舟，一番周旋，终于成功地将闲置了4年的设备以一次性付清全款的条件转卖给了乙方。

　　以上一古一今的两个故事有着异曲同工之处，那就是利用了人们的逆反心理而巧妙地取得了说服的胜利。

　　从心理学角度看，每个人都有逆反心理。什么是逆反心理，我们举个例子来说明。

　　苏联心理学家普拉图诺夫在《趣味心理学》一书的前言中特意提醒读者"请勿先阅读第八章第五节的故事"。绝大多数读者看到此处，都采取了与告诫相反的态度，首先翻看了第八章第五节的内容。这种行为的心理就叫作逆反心理。

　　激将法正是利用了人们的逆反心理，从反面进行说服，从而激励人们产生超越自我的好胜心理。如果在说服对方的时候劈头就说："你这样说不对。"对方一定会反感地说："我说得对。"但是，如果采取让步的姿态说："也许我也有错。"对方的"逆反心理"也许就会产生作用，他会说："不，别这么说，其实我也有错。"

　　富兰克林曾在自己的自传中提到有关利用"逆反心理"的论述："在说服别人时，首先必须非常稳重地叙述自己的意见，然后附带地说：'这只是我的观念，也许是有错的。'如此一来，对方就会视你所提出的意见如同自己的意见一般，甚至当你表现出犹豫不决时，他还会反过来说服你。"

　　当然，激将法也不是在任何人身上都有效的，也要因人而异。一般来说，激将法不宜用在性格内向、谨小慎微、自卑的人身上，因为他们常常受到这种冷遇，会把那些刺激性的语言视作一般性的奚落和嘲讽，从而消极悲观，丧失信心，根本起不到"激将"的作用；对那些身经百战、冷静理智的"过来人"，也不宜使用这一方法，因为他们早就看透了你的小把戏。

　　其实，运用激将法，掌握好分寸很重要。语言的力度不够，难以激发起对方的逆反心理；若是说话过了火，则有可能给对方带来过大的心理压力，令其做出过火的事。

　　另外，使用激将法"时机"要掌握好，要在对方思想斗争比较激烈时及时说出来，过早过晚都会影响其效果。

交谈中的让对方舒服很重要

生活中人们常常说，小孩子都是"顺毛驴"，越打骂越糟糕。其实，不仅小孩子，每一个人都有被认可、被同意的天性。谁也不想与跟自己意见相左的人讲话。人人都是顺毛驴，掌握这个规律，才能弹响说服的前奏。看似是顺从别人说话，其实是牵着对方的鼻子跟着自己走。

在同人交谈尤其是求人办事的时候，急功近利的做法只能让对方对你失信心和好感。如果对方没有要和你妥协的意思，甚至想法和心意跟你完全背道而驰，你应该学会先隐藏你的真实意图，先顺从对方的意思，在不知不觉中博求对方的好感。

柯达公司是世界上最大的影像产品及相关服务的生产、供应商，其创始人伊斯曼想在罗彻斯特建造一座音乐教堂、一座戏院和一座纪念馆。他承诺说，会给承包工程的人9万美金的资助。这对制造商来说是个天大的好消息，他们都想得到这些建筑的承包权。但是在伊斯曼和他们一一面谈后，仍然没有确定把承包权给谁。

一天，"优美座位公司"的经理亚当森来到伊斯曼的办公室。当时伊斯曼正埋头于桌子上的一堆文件，他便没有打扰他，只是仔细地打量起他的办公室来。

不知过了多少时间，处理完文件的伊斯曼抬起头，正好看到亚当森在办公室里，便说"先生有何指教？"

"伊斯曼先生，在我等您的这段时间里，我仔细地观察了您的这间办公室。我本人长期从事室内的木工装修，但是从来没见过装修得这么精致的办公室！"亚当森没谈生意，倒与伊斯曼大谈起装修心得来。

"哎呀！你提醒了我。这间办公室是我亲自设计的，当初刚建好的时候，我非常喜欢它。但是后来一忙，一连几个星期都没有机会仔细欣赏一下这个房间了。"伊斯曼回答说。

"我想这是英国橡木，对不对？意大利橡木的质地不是这样的。"亚当森走到墙边认真地说。

"是的！那是从英国进口的橡木，是我专门托人在英国定的货。"伊斯曼兴奋地站起来说道。这时，他已经全然忘记了烦琐的事，带着亚当森自信地参观起了自己的办公室，并如数家珍般地向亚当森介绍每一件装饰，甚至连木质、颜色、手艺、价格都详细地说了又说。

此时的亚当森却只是微笑着聆听，并表现得非常感兴趣。最后，直到亚当森与伊斯曼告别时，他都没有谈半句生意上的事情。但是最终的结果可能大家都已经猜到了：他得到了承包权，以及伊斯曼提供的 9 万美元。

故事中的亚当森并没有一上来就表明自己的意图，而是悄悄地做了一个倾听者。但这种倾听和认同让伊斯曼高度放松，在对方得到愉悦的时候，亚当森也得到了他想要的。

当你听到"收银的""上菜的"之类的词汇你会怎么想？感觉这称呼对人毫不尊重，或是对该职业的有贬低和不屑之意。尤其在上司对下属的支使中，不恰当的词汇让员工常常苦恼，又敢怒而不敢言，最后情绪无处发泄，让自己的身体和工作质量大受影响。

美国有家全国性的卡车服务公司，管理层经过统计发现，他们送的货物有万分之六会送错地方。为此，公司每年要赔偿 25 万美元。于是，公司请戴明博士为他们想办法。戴明调查之后，发现送错货都是因为公司的司机看错了送货合同的地址造成的。为了一劳永逸地消除这个错误，提高公司的服务品质，戴明博士建议把这些工人或司机的头衔改为技术员。

开始，公司对这种做法也很怀疑，改个称呼就能消除错误吗？然而，没多久绩效就显现了。那些司机的头衔改为技术员后不到 30 天，万分之六的错误下降为万分之一，公司一年节省 20 多万美元。

戴明博士的做法就是顺着员工的想法，给他们良好的情绪同时赋予其职位责任，效果令人称赞。

在对方完全拒绝你的要求的时候，不妨先从对方的条件考虑缩减自己的预期利益，然后在实施的过程中不断使自己的利益最大化。最后你会发现，你得到的比想象的还要多。

在澳大利亚墨尔本，有位女记者要采访一位权威人士，打算请他就海洋动物保护问题做 15 分钟的广播讲话。这位权威人士非常忙，曾经拒绝过很多记者的要求。如果直接提出占用他 15 分钟时间，他可能会拒绝。这位记者在电话里是这样说的："在百忙中打搅您，我感到很过意不去。我们想请您就海洋动物保护问题谈谈看法，大概只要 3 分钟就够了。听说您日常安排极有规律，每天下午四点都到户外散步。如果可能，我想是不是可以在今天下午的这个时候拜访您呢？"结果这个权威人士接受了要求，采访于下午 4 点准时开始。当记者告别时，时间过去已整整 20 分钟了。

用心讲好你的故事

对于那些自信、自负的人，甚至冥顽不化的人，想要说服他们是极其艰难的，因为人都习惯于坚持自己，这样的人更是如此。但是说服又是必需的，而且要做到让他们心悦诚服，于是在说服对方时就要寻求技巧，讲故事不失为一个好方法。对大多数人来说，与趾高气扬地发号施令或一叠厚厚的精确统计数据相比，一个能够涵盖重点事实并有启发性的故事可能更具影响力。

众所周知，美国的《独立宣言》与独立战争一样，有着重大的历史意义，因此永载史册。它字字珠玑，广为流传，对推动美国的革命起到了巨大的作用。

富兰克林是起草这个文件的负责人，而这篇脍炙人口的文章出自他的密友——才华横溢的杰弗逊之手。富兰克林对杰弗逊的性格脾气非常了解，杰弗逊对自己的文笔颇为自负，认为自己写出来的东西无可挑剔，往往动一字就像割掉他身上的一块肉一样。

但拟写《独立宣言》是非常重大的事，必须臻于完美，使之达到力敌千斤、振聋发聩的效果，所以非得说服他反复修改草稿不可。可富兰克林又怕惹得杰弗逊不愉快，为了说服杰弗逊，富兰克林冥思苦想，终于想到一个合适的方法，于是，他给杰弗逊讲述了一个故事：

有一个青年人开了一家帽店，他拟了一块招牌，上写"约翰·汤姆斯帽店，制作和现金出售各式礼帽"，然后还在招牌下面画了一顶帽子。他觉得这块招牌很醒目，洋洋得意地请朋友们评价，等着听朋友们的赞赏。

但是他的朋友们却不以为然，有人说没有必要写"帽店"一词，它与后面的"出售各种礼帽"语义重复，可以删去。

有人说"制作"一词完全没有必要，顾客只要求帽子式样称心，价格公道，质量上乘，至于是谁制作，他们才不关心呢。再说约翰并非久负盛名的制帽匠，更不会引起人们的注意。

还有人说"现金"两字显得多余，到商店购物，当然是用现金购买，拿一只羊来换帽子，你麻烦，别人也麻烦。

这个青年人觉得朋友们的话有道理，就把招牌修改了一下，只剩下"约翰·汤姆森，出售各式礼帽"的字样和那顶礼帽的图案了。

尽管这样，还有一个朋友不满意，他认为，帽子不可能是白送，"出售"二字多余，可以删去。

又有人说了，"各式礼帽"与图案也重复了，显得多余。经过删改，最后的牌子上只剩下"约翰·汤姆森"的名字和那个图案了。

几经修改，招牌变得十分简洁明了，因而也就更加醒目。年轻的帽店店主非常感激朋友们的宝贵意见。

杰弗逊听了这则故事，明白了富兰克林的良苦用心，明白了稿子是修改出来的，因此广泛听取公众的建议，把《独立宣言》修改得好上加好了。

到18世纪70年代初，北美的13个殖民地的代表聚集一堂，通过了这个几经修改的《独立宣言》，一场伟大的独立战争终于开始了……

富兰克林采取讲故事的方式，娓娓道来，成功地说服了对方，使杰弗逊有了从不容动一字到广泛听取公众修改建议的巨大改变，让我们不得不佩服富兰克林的说服技巧，他把讲故事说服法运用到炉火纯青的地步，把它的作用发挥到极致，从中我们多少可以看出讲故事说服的妙处。在平时生活中，我们也可以如法炮制。但讲故事说服别人也有一定的原则，《松鼠公司》的作者斯蒂芬·丹宁提出了讲好一个故事的九点要求，值得我们借鉴。

第一，明确自己想要传递的信息，也就是要明确故事的中心思想；第二，要有恰当的例子支持你的观点；第三，要注意讲故事的角度，尽量能使听众产生认同感；第四，要指出故事发生的时间和地点，以增强故事的真实性；第五，要确保故事能够暗示你的中心思想，必要时可以对故事进行适当的编造；第六，在讲述过程中要使听众明白，如果不采用你的建议，会产生怎样的后果；第七，去掉不必要的细节，要明白你讲故事的目的是传递信息而非娱乐听众，细节太多容易分散中心思想；第八，确保故事有个真实可信的结局，它将使听众对前途所有设想，产生行动的渴望；第九，篇末点题，使故事与你要表达的中心思想联系起来，可以用"假如……""想象一下"等词语直接引出主题。

除了以上这九点以外，为了将故事讲得更精彩，为了使你的故事更具说服力，这里还有一些补充建议：

（1）要了解对方，具有针对性。讲故事说服是在需要委婉说服或对方顽固不化时，才加以采用的。富有针对性地选择故事，组织语言，从而让对方喜闻乐见、醍醐灌顶、茅塞顿开。

（2）故事要短而有力。不要将故事拉长成为一篇报告，要知道故事越长、情节越多，就越容易分散人们对中心思想的注意。

（3）讲故事最好能加入一些自己的观点、感受和感情，否则听众会觉得你只是在重复别人的话，或是描述事不关己的情节。要用感情吸引听众，用事实来支持故事。

（4）开头要吸引人，一定要在一开始就引起听众的注意。

（5）故事的内容不能与所要说服的事有关。人人都有强烈的防卫心理，知道你说服他，他首先就持抵触态度，根本不愿耐心听下去。所以你要精心经营你的故事，娓娓道来，放松对方心理，然后使他不知不觉为你的话语所感染。

给对方铺好向下的台阶

我们都知道，说服别人是件困难的事，在大多数情况下，别人不会被我们一"说"就"服"的。所以，我们说服一个人，要有耐心，还得考虑全面，不仅要想好你要怎么说能让对方能听进去，能信服，还要考虑到对方的处境，谁都是要面子的，谁也不愿意自己否定自己的观点而认同别人，这就好比从一个最高点突然往下跳，这个高度有时会让人恐惧，一时难以接受，但是如果你能为对方铺好台阶，往往就比较容易实现了。

一家百货公司里，一位女士要求退回一件外衣。她已经把衣服带回家并且穿过了，她丈夫不喜欢又嫌贵，她就想退掉。

售货员检查了外衣，发现有明显干洗过的痕迹。但这位女士坚持说"绝没有洗过"，要求退换。售货员感到很为难，如果直截了当地向顾客说这只是她精心的伪装，双方一定会发生争执。于是，她只好请求经理出面。

经理满脸笑容地从办公室里出来，先简单地问明了情况，然后说："我记得不久前，我家发生过这样的事，我把一件刚买的衣服和其他衣服堆在一起，结果我老公没注意，把这件新衣服和一大堆脏衣服一股脑儿塞进了洗衣机。我怀疑您是否也会遇到同样的事情，会不会是您家先生把这件衣服错送到干洗店去过，您看，这里，这里的确看得出已经被洗过的痕迹。可以跟其他衣服比一比……看来您先生还真是心疼您……"

看了看证据知道无可辩驳，而经理又为她的"谎言"准备好了借口，给了她一个台阶下。于是，她顺水推舟，收起衣服走了。

很多时候，对方心里早已被你说服，只是口头上还是强硬，他们也想找一个合适台阶顺势而下，这时，你只需稍微动一下脑筋，做个顺水人情，你说服的目的就会轻松达到。

一位推销员到广州出差，刚一下火车，看见街头小货摊上有卖衣服的，于是也想买几件衣服，他蹲在地上挑了几件，准备付款时发现刚刚还在身上的钱包不见了。货摊前只有他和摊主，明摆着这事一定与摊主有关，但是，他并没有抓住把柄，要是贸然提起此事，摊主肯定会跟他翻脸，弄不好周围的人都会来帮腔打他一顿。

他想了想，悄悄对摊主说："姑娘，我刚从外地过来办事，这不刚下车直奔你这来了，现在钱包找不到了，怎么办？你看你能不能帮我找找，我都没去别的地方，会不会掉你这了。"说着他四处寻找，嘴里还嘀嘀咕咕地说："千万别丢了，都是公司的钱，我两个月工资也赔不起呀。还有同事托我买东西的钱，丢了我真没法交代。"

过了一会儿，他见姑娘有所动容，继续说："你替我仔细找找行吗？我上周围看看，你帮我看看是不是刚才忙乱中混到衣服堆里去了，谢谢，谢谢。"

姑娘终于被说动了，她就坡下驴，等他抬起头时假装刚刚发现衣服里的钱包，"嘿，还真在这呢！"推销员接过钱包，又说了一些感谢的话，转身离开了货摊。

这类说服方法最有人情味，因此比较容易被对方接受。这类说服，首先要保住对方的面子，使对方不至于背上出尔反尔的包袱，下不了台。为人置梯，就是要把被说服者从自我矛盾中解放出来，使他体面地收回先前的言辞。尤其在有旁人在时更是如此。有时，你让他走下固执的高楼，他可能还会因为你保全了他的脸面而对你心存感激。其次，所找的理由必须要站在对方的角度去想，理由必须合情合理，要让对方感觉到你的诚意，千万不能随口乱说，敷衍了事，否则就会让人看出破绽，让对方更难堪。最后，说话时的语气不要过于生硬，要给对方足够的尊重。

会说硬气话，不做职场的"便利贴"

在拒绝别人时，我们往往会感到很棘手，因此不知道该如何开口谢绝、拒绝，明明知道一些事情自己办不成，可又怕伤害了同事、朋友之间的友谊，怎样开口拒绝，才不会伤害对方呢？这就需要一个策略，要掌握一定的技巧，使自己能轻松愉快地说出"不"字，也能使对方高高兴兴地接受"不"字。

不做职场的"便利贴"

工作中，我们管好自己的那一亩三分地就够辛苦了，如果办公室的同事再把他们手头上的活儿强加到我们身上，估计我们最后应该会累得跟田地里的牲口一样，非大喘气不可。

然而行走职场，总会有同事找我们帮忙的时候，偶尔帮个一两次其实也算不上什么劳心劳力的大事儿，但要是次数过于频繁，我们就得想方设法给自己减减压了。看过台湾偶像剧《命中注定我爱你》的朋友们应该知道什么叫作"便利贴女孩"，剧中的陈欣怡就是这么一个随叫随到、有求必应、点头说好的职场老好人。

在同事们的眼中，她就像一张随手可撕的便利贴，虽然功能小小，但却不可或缺。她为人处世十分善良，总是任办公室的同事们予取予求，大家也总是习惯找她帮忙，但是事后却把她抛诸脑后，完全不记得自己曾经受助于她。

像陈欣怡这样好心的"职场便利贴"，之所以自身的存在感如此薄弱，完全是因为她把别人的事太当自己的事。她在工作上的配合度极高，对待他人的要求也永远无法拒绝，经常揽下同事们不愿意去做的琐碎活。

根据能量守恒定律，一件事儿要是有人从中得利，自然就有人从中失利。当办公室的同事从"职场便利贴"那收获到轻松、闲适和快乐时，"职场便利贴"们必然也会因为整日忙于他人手上的活儿，进而耽误自己的工作效率。

如果"职场便利贴"们没有按时完成自己的工作任务，必然会遭到公司老板的严厉批评，最后沦为加薪升职都无望的职场小人物，而那些曾经得到过他们无私帮助的同事们也并不会好心地站出来，为他们说上几句公道话。

因此，在压力重重的职场上讨生活，我们一定不能把别人的事太当自己的事。对于那些于人有利于己有害的事儿，我们务必要学会拒绝，万万不可缺心眼地通通揽到自个儿的身上。

"办公室经常有同事找我帮忙，有的事儿我也不想去干，可我实在是不会拒绝，这到底是为什么呢？"从事人力资源行业多年，我经常会被人问及这种问题，很多人在表达自己疑惑的时候，尽管言谈之间充满了无奈和无助，但或多或少都会觉得自己是一个善良的人儿，因为善良，所以才不忍心对别人的要求说"不"。

然而，每次我给出的回答都会让他们这种自以为是的"善良"土崩瓦解。

心理学家威廉·詹姆斯曾说："人类最深处的需要，就是感觉被他人欣赏。"其实，人人都喜欢被人赞赏，这原本是一件无可厚非之事，但是对于那些"职场便利贴"们来说，这种心理需求显然要比普通人来得更为猛烈一点。

他们通常都缺乏自信和安全感，与人交往总是信奉多一事不如少一事的原则，不愿意和别人发生争执和冲突，内心极为渴望得到他人的肯定和赞扬。所以，他们无法拒绝同事的要求，压根就不是出于纯粹的"与人为善"的目的，而是害怕自己在同事心目中的印象从此一落千丈，又或是不想和同事矛盾重重，以免破坏自己心神驰往的和平稳定的生活。

在跟我诉苦的人当中，同事盛婉婷算是比较容易开窍的一个，她听完我这一番抽丝剥茧的分析之后，也确实认真反省了一下自己。最后我告诉她，以后要是再有同事频繁地找她帮忙，自己一定要学会拒绝，实在拒绝不了，也不要把别人的事太当自己的事，不妨学学人家网友建议的那招"答应时要爽快，行动时要缓慢"，干活儿要是不麻利，同事下回也不找你。

拒绝别人其实并非一件难事，只要掌握好了技巧，我们既不会揽别人的活儿上身，也不会轻易地得罪别人。那究竟有什么样的技巧呢？打个比方，当同事三番五次请求我们帮助时，我们要是实在不愿意应承下来，完全可以真诚地告诉他们自己拒绝的理由、苦衷和难处，最后再适时地表达一下自己没能帮上忙的歉疚之情。

　　每一个人都有同理心，只要我们的态度诚恳，言辞有礼，同事们最后肯定也不会真正地往心里去。毕竟谁也没有义务去帮谁，世界上没有无缘无故的爱，人家愿意把你的事当作自己的事儿那是给你几分情面，如果人家不愿意去做，你也无权对别人说三道四。

借"别人的意思"来拒绝

很多时候，拒绝的话总是让人难于启齿，甚至还要绞尽脑汁去想一些拐弯抹角的拒绝方式，既能把"不"字直接说出口，还能切断所有后路，让对方无法采取别的方式再来麻烦你。有时候，拒绝别人你可以不用这么费神，关键是你要懂得借用"别人的意思"。

某造纸厂的销售人员去一所大学销售纸张，销售人员找到他熟悉的这所大学的总务处长，恳求他订货。总务处长彬彬有礼地说："实在对不起，我们学校已同一家国营造纸厂签订了长期购买合同，学校规定再不向其他任何单位购买纸张了，我也是按照规定办事。"

于这就是借"别人的意思"来拒绝。这个事件中，虽然是总处长说出那些的话，但是这拒绝却不是总务处长的意思，而是"学校"，学校的规定，谁也无法违反，事情就这么简单。所以，借"别人的意思"来拒绝就是这么容易的。

以别人的身份表示拒绝，这种方法看似推卸责任，却很容易被人理解：既然爱莫能助，也就不便勉强。

一位和善的主妇说，巧妙拒绝的艺术使他一次又一次免受了推销人员的打扰。每当销售人员找上门来，她便彬彬有礼但态度坚决地说："我丈夫不让我在家门口买任何东西。"这样，推销人员会因为被拒绝的并不仅仅是自己一个人而心理上得到了一点平衡，减少了被拒绝的不快。

人处在一个大的社会背景中，互相制约的因素很多，为什么不选择一个盾牌来挡一挡呢？比如说：有人求你办事，假如你是领导成员之一，你可以说，我们单位集体决定这些事情的，像刚才的事，需要大家讨论才能决定。不过，这件事恐怕很难通过，最好还是别抱什么希望，如果你实在要坚持的话，待大家讨论后再说，我个人说了不算数。比如，某单位一位职工找到车间主任要求调换工种，车间主任心里明白调不了，但他没有直接回答，而是说："这个问题涉及好几个人，我个人决定不了。我把你的要求反映上去，让厂部讨论一下，过几天再答复你，好吗?"。这就是巧借他人来表达你的拒绝，而且完全不会得罪于人，并不是我不帮你的忙，而是我决定不了。对方听到这样的说服，自然也就只有知难而退了。

借"别人的意思"来表示拒绝的好处有：

1、容易被人理解和接受；

2、让对方觉得你很诚恳，自然不会再刁难你；

3、表现出一种对决策的无权控制，从而全身而退。

我们在生活或者工作中，有时候会遇到朋友向我们提出一些我们无法做到的要求，但又不能直接拒绝，这时，我们就可以借别人的话来回绝朋友的要求。

张林在一家商场的电器部工作。一天，他的好朋友来买空调。把店里陈放的样品全部看完后，还觉得不满意，要求张林领他到仓库里去看看。张林面对好朋友，一时不知道该如何说"不"。忽然他灵机一动，笑着说："前几天经理刚宣布过，不准任何顾客进仓库，我要带你进去了，我就可能被责罚。"

张林借他人之口拒绝了朋友的要求，尽管朋友心中不大高兴，但毕竟比直接听到"不行"的回答要舒服些，也减少了几分不快。

巧嘴让人顺利接受"不"

不愿意听到别人的反对与拒绝，这是人之常情。口才高手们总结出一些让别人高兴地、顺利地、心悦诚服地接受"不"的技巧。

日本明治时代的大文豪岛崎藤村被一个陌生人委托写某本书的序文，几经思考后，他写下了这封拒绝的回函。

"关于阁下来函所照会之事，在我目前的健康状况下，实在无法办到，这就好像是要违背一个知心朋友的期盼一样，感到十分懊恼。但在完全不知道作者的情况下，想写一篇有关作者的序文，实在不可能办到，同时这也令人十分担心，因为我个人曾经出版《家》这本书，而委托已故的中泽临川君为我写篇序文，可是最后却发现，序文和书中的内容不适合，所以特别地委托他，反而变成一种困扰。"

在这里，藤村最重要的是要告诉对方"我的拒绝对你较有利"，也就是积极传达给对方自己"不"的意志的一种方法。而这样的说辞，又不会伤害到委托者想要实现目的的动机。

通常，当我们被对方说"不"而感到不悦的理由之一，是因为想引诱对方说出"好"而达到目的的愿望在半途中被阻碍，因而陷入欲求不满的状况。所以既不损害对方，又可以达到目的说"不"的最好方法，就是当对方委托你做一件事时，当"达到动机"被拒绝后，反而认为更有利的是另一种"达到动机"，而只要满足这一种"动机"就可以了。

藤村可以说是十分了解人的这种微妙心理，所以暗地里让对方觉得"被我这样拒绝，绝对不会阻碍你目的的实现"。我们在拒绝他人时，也可以用这样的方法，让对方觉得说"不"，是为了让对方有好处，这不仅不会损害到对方的感情，而且还可以让对方顺利地接受你所说的"不"。

　　战国时期韩宣王有一位名叫缪留的谏臣。有一次韩宣王想要重用两个人，询问缪留的意见，缪留说："魏国曾经重用过这两个人，结果丧失了一部分的国土；楚国用过这两个人，也发生过类似的情形。"

　　接着，缪留下了"不重用这两个人比较好"的结论。其实，就算他不给出答案，宣王听了他的话也会这么想。这是《韩非子》里相当著名的故事。

　　这种说"不"的方法，之所以这么具有说服力，主要是因为这两个人有过去失败的经历，但缪留在发表意见时，并没有马上下结论。他首先对具体的事实作客观地描述，然后再以所谓的归纳法，判断出这两个人可能迟早会把国家出卖的结论。说服的奥秘就在此。相反，如果宣王要他发表意见时，缪留一开口就说"这两个人迟早会把我国卖掉"，等等，结果会怎样呢？可能任何人都会认为："他的论断过于极端，似乎怀恨他们，有公报私仇的嫌疑。"从而形成不易让大家接受"不"的心理，即使他在最后列举了许多具体事实，也可能无法造出类似前面所说的情况来。

　　所以，我们在必须向别人说出他们不容易接受的"不"时，千万不要先否定性地给出结论，要运用在提议阶段所否定的论点，即"否定就是提议"的方式，不说出"不"，只列举"是"时可能会产生的种种负面影响，如此一来，对方还没听到你的结论，自然就已接受你所说的"不"的道理了。

　　我们曾听说过可以负载几万吨水压的堤防，却因为蚂蚁般的小洞而崩溃的例子。最初只是很少水量流出而已，但却因为不断地在侧壁剧烈地倾注，最后如怒涛般地破堤而出。

　　这种方法可以适用于说"不"的技巧里，也就是说，要对不可能全部接受的顽固对方说"不"时，要反复地进行"部分刺激"，最终让对方全盘地接受"不"的意思。

　　例如，朋友向你推荐一名大学毕业生，希望在你管辖的部门谋求一个职位时，想在不伤害感情的情形下加以拒绝，这时可以针对年轻人注重个人发展和待遇方面，寻找出一种否定的理由，反复地说："我们这里也有不少大学生，他们都很有才华……""这里的福利待遇都很一般……""在这里干，实在太委屈你了……"等，相信那位大学生听了这些话后，心里就会产生"在这里干没什么前途"的想法，再也不做纠缠，客气地向你告辞。

　　说得好不如说得巧。真正的好口才，讲究的是"巧"，能因人而言，因事而言，当言则言言无不尽，当止则止片言不语。他们以独特的眼光去审视世界，以持有的智慧去指挥嘴巴。

不要等被逼无奈再说"不"

生活中的你，是不是常常有这样的经历：明明想对别人说"不"，却硬生生地把这个"不"字吞到肚子里去了，而违心地从嘴里蹦出来个"是"字？可是后来又越想越不对劲，心里说着"我其实当时应该拒绝他的""这个忙我根本就帮不了""我自己的事情都没有做完，怎么办"……于是你开始自责不已、悔不当初，最后一边为应承下来的事儿忙得焦头烂额，一边为自己的不懂得拒绝而深深懊恼。

不懂得拒绝的人，无论是面对上司的命令、顾客的要求、同事的请托以及工作中的任何突发状况，似乎都只能默默承受。因为他们觉得，如果自己说"不"，可能会面临一连串的麻烦：上司的不满、顾客的投诉、同事的怀恨在心……于是，为了维护自己的人脉，为了提升自己在同事间的口碑，为了让自己在工作上少一些阻碍，许多人在面对各式各样的请托和要求时，选择了接受，让自己陷入了如此难堪的局面。

只是，这样做正确吗？不妨看看以下案例再做判断。

张涛和李辉大学毕业后同时进入一家通信公司实习。这家公司可以说是全球无线通信行业的霸主，几乎在世界各地都有它的制造厂。能够进入这家公司，是莘莘学子的梦想，因此张涛和李辉两人都十分重视这次的实习机会。因为按照惯例，这家公司会从每一批实习的人员之中选择最优秀的一位留下来。

在进入这家公司之前，张涛便做足了准备。他觉得想要留在这家公司，上司的推荐和同事的口碑应该十分重要。因此，在进入这家公司之后，他为了笼络人心，对于所有同事都有求必应，诸如帮同事跑腿、帮经理助理打印……虽然常常因此把自己的工作做得不够好，但是他每次得到同事的赞美都觉得这样也值了。

大家见这小伙子那么热心，便也逐渐不客气了：甲让他帮自己带早餐、乙请他帮忙接孩子……哪怕这些是与工作毫不相干的事情，张涛全都接受，毫无怨言。

而李辉却截然相反，有人请他帮忙的时候，他似乎总以自己的事情还没做完为借口推托，渐渐地，请他帮忙的人越来越少。因此，大家对张涛的评价越来越高。

三个月的实习时间很快结束了，转眼就到了宣布最终结果的时候。看着被叫进经理办公室的李辉，张涛暗自欣喜："谁教你不注意人际关系，只顾着埋头做事。能留下来的人一定是我。"

半个小时后，李辉从经理办公室走出来，带着平静的表情开始收拾自己桌上的东西。张涛正准备上前安慰他一下，却猛然发现情况似乎有些不对劲。原来，李辉在收拾完自己的东西之后，并没有离开，而是把这些东西放在另一张配有电脑的办公桌上，而那张桌子，正是为留下来的那个人所准备的。

就在张涛愣神的时候，有人拍了拍他的肩膀，示意他到经理办公室去一趟。怀着惴惴不安的心情，他来到经理办公室。

"张涛，这三个月来，你的表现大家都看在眼里。你很热心，同事们对你的口碑很好。说实话，站在朋友的立场，我很想留你下来。可是，站在公司的角度考虑，我们需要的是能在工作上做出成绩的人。在这段时间里，我很遗憾地看到你的主要精力并没有放在本职工作上。所以，我只能祝福你在新的公司一切顺利……"

生活中的你，是否有也过这样的经历：对于他人的要求，有时出于面子，有时为了不得罪人，不好意思拒绝，而只好勉强自己，违背自己的意愿，做了自己不是自己分内的事，还因此耽搁了自己应该做的事。

其实，很多人都会有过这样的经历。实际上，拒绝别人并不代表你对他不友善，也不代表你冷酷无情，没有人情味。不管对谁，只要你不想做或者违反原则，就有权利说不。否则，你的生活和工作会因此压力重重，这样会累坏自己的。

　　总之，要懂得在适当的时候说"不"，拒绝别人不一定是件坏事。如果你没有时间，没有能力帮助别人，那么拒绝别人的请求是你正确的选择。否则，问题拖下去只会越来越难解决。很多时候，正是因为你不懂得说"不"，才让自己陷入"被逼无奈"的窘境当中。更重要的是，这种草率的决定还会打乱自己的计划和安排，使自己的工作与生活陷入被动。长此以往，你将无法享受给予和付出所带来的真正快乐，正常的人际交往与互动都会沦为一种负累。

　　笼络人心对职场人士来说固然重要，但这并不代表我们在任何时候都不能拒绝。其实，根据实际情况，适当地对周遭的人说"不"，将更有助于自己顺利地完成本职工作，正如李辉那样，善于分辨什么是自己应该做的，拒绝那些对自己不利的干扰，这才是真正懂得工作的人所应具备的正确态度！喜剧大师卓别林曾经说过这样一句话："学会说'不'吧！那样，你的生活将会美好得多。"

把"不对"统统改成"对"

许多人都有喜欢说"不"的习惯，不管别人说什么，他们都会先说"不""不对""不是的"，但他们接下来的话并不是推翻别人，只是做一些补充而已。这些人只是习惯了说"不"，即使赞成别人，也会以"不"开道。

谁喜欢被否定啊？

曾经，有位记者采访过一个学识特别渊博的教授，发现他有个很好的习惯，不管对方说了多么幼稚、业余的话，他一定会很诚恳地说"对"，然后认真地指出对方说得靠谱的地方，然后延展开去，讲他的看法。

高情商的聪明人都习惯先肯定对方，再讲自己的意见，这样沟通氛围也会好很多。即使是拒绝对方，也不会讲"不"。

两个打工的老乡，找到城里工作的刘某，诉说打工之艰难，一再说住不起店，租房又没有合适的。言外之间是要借宿。

刘某听后马上暗示说："是啊，城里比不了咱们乡下，住房可紧了。就拿我来说吧，这么两间耳朵眼大的房子，住着三代人。我那上高中的儿子，没办法晚上只得睡沙发。你们大老远地来看我，不该留你们在我家好好地住上几天吗？可是做不到啊！"

两位老乡听后，就非常知趣地走开了。

高情商的人拒绝他人，很少会用否定性的词。

情商高的人，在说话的时候，很少使用否定性的词。即使是拒绝对方，也不会直接说"不可以"，而是用一种婉转的方式表达自己的意见，让人觉得很舒服。

心理学家调查发现：在交流中不使用否定性的词语，会比使用否定性的词语效果更好。比如"我觉得不行"这句话，可以换一种说法，"我觉得再考虑一下比较好"。因为使用否定词语会让人产生一种命令或批评的感觉，虽然明确地表达了自身观点，但更不易于接受。

含混不清的拒绝要不得

很多人，在拒绝别人的时候怕得罪别人而影响彼此的感情，总是喜欢含糊其词。听得懂的人自然还好，能够明白这是对方拒绝的说辞；没听懂的人，自然就会会错意，然后默默地等待着你的帮助。等到某天，见交代你这么久的事还未办妥，便又来，说起："你上次帮我办的事，怎么这么久都还没办好呢"，这时你才错愕地回答他："我什么时候说过帮你的忙？"……然后，这时把话说开，对方才领悟过来，你觉得自己很无辜，对方更多的却是埋怨，从此，两人关系便开始越走愈远。

虽然拒绝别人真的很为难，但是你要记住，滥用你的委婉，不明确地拒绝别人，只会给大家造成不必要的误会，让双方都受到损害。

小王和小张是一起长大的好朋友。但是小王从小就勤奋好学，所以一直念书念到了研究生毕业，工作后也是一帆风顺，现在已经一家知名企业的部门经理。而小张呢，从小就调皮捣蛋，所以高中毕业便出去打工了。但是小张这人一直不长进，虽然在社会上混了那么多年，却也没混出个什么名堂。最近听说小王在某家大公司当经理，便想去谋个好职位。

小张找到小王说："小王，看在我们俩这么多年交情的份上，这个忙你可得帮我啊。"

小王其实很为难，因为他们公司有规定，学历至少是本科以上，但是鉴于好朋友，他又不好直接推脱，只好回答："这个事有点不好办。首先，你的学历不符合规定，难度比较大，何况招人的名额有限。不过，我会尽力争取，当然你不要抱太大希望。"

小张听小王这么说，只觉得可能是有点难，但是小王尽力的话，应该没问题，就没有多想，回家安安心心地等着上班。可是等了两个星期，也没有收到任何通知上班的邮件或者电话，小张再次找到小王：

"你上次说帮我的忙，怎么还没消息呢？"

小王很为难地说："哥们，不是我不帮你，是真的不行啊，你也知道你的学历不符合我们公司的要求的，我实在无能为力啊。"

小张一听，生气地说道："你帮不了就帮不了啊，直接给句痛快话呀！浪费了大半天工夫，早干吗去啦？"

就这样，小张和小王闹掰了，二十几年的交情也因此没了。

上述所讲到的结果当然我们每个人都不希望遇见。因此就需要我们在拒绝的时候，不要因为过于照顾对方的颜面，而把话说得模棱两可。

大多数人都不好意思说出拒绝别人的话。然而很多时候对方提出的某些要求很过分，不是我们自己力所能及的。这就出现了如何拒绝他人的问题，因为硬撑着导致的结果更糟。

拒绝的时候态度一定要坚决。何谓坚决？就是明明白白地告诉对方，这件事自己无法做到，让他另请高明。

"对不起，我真的帮不上忙"和"这问题恐怕很难解决"相比，后者显然会给被拒绝者带来更大的想象空间。当我们试图用一种很婉转的态度拒绝别人时，通常不会收到太好的效果。因为模棱两可、暧昧不清的拒绝，并不会让对方丧失希望，正所谓希望越大，失望越大。

与其让对方抱着不切实际的幻想空等，不如在最初便狠心拒绝，或许会帮助他找到更好的解决方法。

我们心里要明白，无论是坚决说"不"，还是委婉说"不"，最终要达到的目的都是相同的，即让对方知道自己的表态是决定性的，没有妥协余地。这种表态方法的差别仅限于语气上的软硬，而在话语的指向上需要准确无误。

总之，你的言语必须确实明白地表示出你自己的想法。很多事情虽一时能敷衍过去，但总有一天，当对方明白你以前所有的话都是托词时，就会对你产生很坏的印象。

所以，与其如此，不如干脆一点儿，坦白一点儿，毫不含糊地讲"不"。

拒绝别人也要人情味十足

在人际交往中，我们常常会遇到一些难以答应的请求。但是，言辞生硬，直接回绝别人，往往造成不好的结果。而这时最好的方式就是委婉表达出自己拒绝的意思，让对方知难而退，这样既不伤朋友间的和气，也不违反自己为人处世的原则。

罗斯福当海军助理部长时，有一天一位好友来访。谈话间朋友问及海军在加勒比海某岛建立基地的事。

"我只要你告诉我，"他的朋友说，"我所听到的有关基地的传闻是否确有其事。"

这位朋友要打听的事在当时是不便公开的，但是好朋友相求，如何拒绝是好呢？

罗斯福望了望周围，然后压低嗓子向朋友问道："你能对不便外传的事情保密吗？"

"能。"好友急切地回答。

"那么，"罗斯福微笑着说，"我也能。"

这位朋友明白了罗斯福的意思，之后便不再打听了。

后来，罗斯福的这位朋友仍然和他交往着，感情并没有减淡，因为那人很清楚罗斯福做事一向是很有原则的。

在上面的故事中，罗斯福采用的是委婉含蓄的拒绝。在朋友面前既坚持了不能泄密的原则立场，又没有使朋友陷入难堪，体现了高超的语言运用能力。相反，如果罗斯福表情严肃，义正词严地加以拒绝，其结果必然是两人之间的友情出现裂痕甚至危机。拒绝对方，也要给对方留足面子。当我们用委婉的方式来表示拒绝，就不会使对方难堪了。

我们对别人说"不"，是维护自己权益的行为。但是在维护自己权益的同时，也应当尽量照顾到对方的感受。虽然拒绝要态度明确，但仍须通过各种语言的艺术，不要让对方感到难堪。

汉光武帝刘秀的姐姐——湖阳公主的丈夫死后，看中了朝中品貌兼优的宋弘。有一次，刘秀召来宋弘，以言相探："俗话说，人地位权利高了，就要改换自己结交的朋友；人富贵了，也可以改换自己的妻子，这是人之常情吗？"宋弘回答说："我只听说'患难之交不可忘，糟糠之妻不下堂'。这句话的意思是：无论人是在生活贫困、地位低下还是富贵、地位高权得高时候，都不能把朋友忘记，最初的结发妻子也不能让她离开身边。"

宋弘自然深知刘秀问话的言外之意。但他进退两难。应允吧，违背了自己的人品，也对不起贫贱相扶的妻子；含糊其词吧，还会招来麻烦，毕竟是一国之君；直言相告吧，也不得体，又有冒犯龙颜之患，所以他也引用古语来"表态"，委婉而又直截了当地表明了自己的态度与立场，也是一个良好的拒绝他人的办法。

说"不"固然不太容易，但说话高手们总会让自己的拒绝明确而合理。不但能够在委婉的语言中让对方免于难堪，给对方一个台阶下，同时也明确地表达出自己的意思，对方知难而退从而达到拒绝他人目的。

真心说"不"，倒出你的苦衷

不管是在生活还是职场中，我们常常都会遇到这样的问题：一位朋友或者同事突然开口，让你帮个忙。问题就在于，这个事情对你来说，已经有些超出个人能力范围。答应下来，自己忙上忙下，还不一定能够圆满完成；如果直接拒绝，面子上又实在磨不开，毕竟大家都相熟已久了。但是，应该怎么说，才能既不得罪人，又能达到拒绝的目的呢？

有人会直接对他说："不行，真的不行！"如果你真这么说了，当然拒绝的目的是肯定达到了，但是你可能因此失去一位朋友，甚至还会影响到你在这个圈子的口碑。有人会推托说："我能力不够，其实某某更适合。"那你有没有想过：当朋友或同事把你的这番话说给某某听时，他会做何反应？有人会不好意思地说："我真的忙不过来。"这个理由还算不错，可是只能用一次，第二次再用时，朋友或同事一定会用疑惑的眼光来看你。

那么，到底应该怎样说出那个重要的"不"字来呢？

1. 不妨先倾听一下，再说"不"

在工作中，往往每个人都会遇到这种情况，当你的朋友或同事向你提出要求时，他们心中通常也会有某些困扰或担忧，担心你会不会马上拒绝，担心你会不会给他脸色看。因此，在你决定拒绝之前，首先要注意倾听他的诉说，最好的办法是，请对方把自己的处境与需要，讲得更明了一些，自己才知道如何帮他。接着向他表示你了解他的难处，若是你易地而处，也一定会如此。

"倾听"能让对方产生自己被尊重的感觉，在你婉转地表明拒绝他人的立场时，也要能避免伤害他人的感觉，还要避免让人觉得你只是在应付他而已。如果你的拒绝是因为自己有一定工作负荷或者压力，倾听可以让你清楚地界定对方的要求是不是你分内的工作，而且是否在自己的能力范围内。或许你仔细听了他的请求后，会发现协助他有助于提升自己的工作能力与经验。这时候，你在兼顾自己的工作原则下，牺牲一点自己的休闲时间来帮助对方，对自己的发展也是绝对有帮助的。

"倾听"的还有一个好处是，虽然你拒绝了他，但你可以针对他的情况，建议如何取得适当的支援。若是能提出更好的办法或替代方案，对方一样会感激你。甚至在你的指引下找到更适当的方法，这样也会事半功倍。

2. 温和但又要坚定地说"不"

当你仔细倾听，明白朋友或同事的要求后，并认为自己确实无能为，只能拒绝的时候，说"不"的态度即要温和又要坚定。好比同样是药丸，外面是一层糖衣的药，就会比较让人容易入口。同样地，委婉表达拒绝，也比生硬地说"不"让人更容易接受。

例如，当你的同事的要求是不合公司或部门的有关规定时，你就要委婉地表达自己的工作权限，并暗示他如果自己帮了这个忙，就超出了自己的工作范围，违反了公司的有关规定。拿自己工作时已经排满而爱莫能助的前提下，要让他清楚自己工作的先后顺序，并暗示他如果帮他这个忙，就会耽误自己手头上的工作，会产生一些不必要的麻烦，也会给公司的利益带来一定的冲突。

一般来说，同事听你这么说，一定会知难而退，而再去想其他办法。

3. 说明拒绝的理由

拒绝在某种意义上，其实就是一种辩论。别人会想尽办法试图说服你接受，而我们则必须利用各种理由"反击"，向他说明自己不能接受的原因。如果我们要让对方心服口服，就必须说出一个值得信服的理由。当然，选择权在我们手上，即使没有理由，我们也可以选择拒绝对方；只是这样的结果，一定会让对方感到极度不悦，毕竟遭受毫无理由的拒绝，任谁都不会开心的。

4. 不要过多地解释

有些拒绝者为了抚慰对方"受伤的心灵"，往往在拒绝之后，说出一大堆安慰的话，或为自己的拒绝说出一连串冠冕堂皇的理由。其实，这些都是画蛇添足，因为太多理由，反而让别人觉得你是在借故搪塞。所以，拒绝的理由只要说清楚就行了，不要解释过度。

在说"不"的过程中，除了技巧，更需要有发自内心的耐心与关怀。若只是随随便便的敷衍了事，对方其实都看得到。这样的话，有时更让人觉得你是一个不诚恳的人，对你的人际关系伤害更大。

总之，只要你真心地说"不"，对方一定也会了解你的苦衷，而且你也能成功达到拒绝别人的目的。

第七章

会说逆耳的话，批评也让人如沐春风

都说忠言逆耳，很多人对批评的话很抗拒，同样是批评的话，不同的人说出来有不一样的效果。有人因为说了批评的话而招人不待见，而有些人，却因为批评别人，却成了对方的知己——批评的话到了他们嘴里，就是另一番言论了，而且总是能让人轻易接受。

批评要因人而异

　　没有人愿意被斥责，也没有人愿意斥责别人，当必须斥责的时候，应因人而异选择适当的语言。个性较温和的人遭到大声怒吼时，只会一味地退缩和保护自己，无法专心听人说教。而个性刚烈的人，则往往会因对方的斥责而亢奋，无法忍气吞声。结果，通常会采取强硬的反驳手段，或因而更奋发图强。所以，斥责要谨慎又谨慎，先考虑对方是属于何种类型后，再决定应该采取的方式。

　　1. 个性坦率直爽、性格开朗，心理承受能力强的人

　　这种人知错就改，喜欢直来直去，不喜欢拐弯抹角。对于这种下属，你明确地指出其缺点和错误之所在、性质和危害，他会容易接受。相反，过多地绕圈子，反而会使他纳闷，产生误解，甚至是反感，认为这是你不信任他的表现。

　　2. 头脑聪明、反应敏捷，接受能力强，而自尊心也很强的人

　　对这种人就采用提醒、暗示、含蓄的语言，将错误和缺点稍稍点破，他们便会顺着上司的思路，找到正确的答案和改正错误的办法。

　　这种方式有两种表现：一种是面对下属本人，顾此而言他。看似在讨论别人，其实是在说他本人。这种方法的关键是必须找到相似的事物或相似的人，否则相去甚远，难以奏效。另一种是面对众人，漫无所指，点出一些只有当事人才能心领神会的事情，给其以必要的心理压力。让他知道你是碍于情面，才没有揭发他。这时，他会在内心深处自我警醒、自我矫正的。

　　3. 自尊心强，脸皮薄、爱面子的人

　　这种人应采用循序渐进式的批评，其特点是把要批评的问题

分成若干层次、若干阶段来解决。通过逐步输出批评信息，有层次地进行批评，使犯错误的下属有一个心理缓冲的余地，有一个认识提高的过程，从而一步步地走向你所期待的正确方面。

大量事实证明，在你批评那些自尊心较强而又错误较多的下属时，采取循序渐进的方法，有利于取得批评的积极效果。相反，如果你一次性把下属众多的缺点一股脑儿地倾泻出来，容易伤害下属的自尊心，使其产生逆反心理。

4. 性格内向、脾气暴躁，爱钻牛角尖或心情不愉快的人

对这种人用参照式批评比较合适。这种方式的特点是：在批评时，不直接涉及下属的要害问题，而是运用对比方式，通过建立参照物，来烘托出批评内容。

你可以通过列举和分析其他人的是非，来烘托出被批评者的错误；可以通过被批评者自身以往的经历，来烘托出他现在的错误；也可以通过列举和分析哪些是错误的，来烘托出被批评者为什么是错误的。

因此，对不同的人采取不同的批评方式，往往可以收到意想不到的效果。

尽量少让第三人知道

没有人希望别人知道自己被批评。在工作中，经常都会有上级给下级提意见或进行批评教育的情况，但一定要注意不要声张，要给他尊严的安全感，让他知道"改过就好，这事我不向别人说"。

任何一个谈话高手都知道，批评的话最好不超过三四句。会做工作的人，在对别人进行批评教育时，总是三言两语见好就收，不忘给对方留一定的余地，而有的人就不是这样了，他们总是不肯善罢甘休，非把对方批得"体无完肤"不可。

一般来说，批评应该适可而止，不要让对方无颜面示人。因为我们批评的目的是为了帮助别人。

从另一个角度来说，人与人之间的个人感情是不能回避的，随着社会的发展，人际的人情味也会越来越浓。社会越前进，社会分工越细，人际的感情依存越强，人的情感就更加显得可贵。这个问题有利也有弊，作为领导者应该正视这个问题，尽力做好工作。比如一些影响不大，又不属于原则性的错误，进行了批评，达到了批评的目的，就可不再声张，甚至也不再言及领导班子中的其他人。有时也可直接告诉被批评者，说明到此为止，不再告之他人。这都可使对方得到尊严上的安全感，产生情感约束力。

大多数人的本质都应该是积极的，都会有一份神圣不可亵渎的尊严，在批评教育时一定要本着这个前提来进行。

批评一定要分清场合

一个聪明的批评者，总是知道在什么场合下说什么话，从而创造出一个否定和批评下级的良好时机。愚蠢的批评者则往往不分场合，不看火候，随便行使权力，大耍威风，结果，使问题反而变得更加复杂和严峻。通常的批评宜在小范围里进行，这样会创造亲近融洽的语言环境。实在有必要在公众场合批评时，措辞也要审慎，不宜大兴问罪之师。

曾经听过这样一个例子：某日公司的一位主管在众人面前大声地斥责了一位个性较温和的新进员工："既然是男人，就应该挺起胸膛。难道不觉得丢我们男人的脸吗？"在众人面前遭到斥责的这位员工，低着头往办公室外走去，主管想他或许是去洗手间，但是过了许久却仍不见踪影。四处找了又找，终于发现他在屋顶，手靠着围墙正往下看。主管见状，不禁心中起了一阵凉意："从今以后，一定要先看场合再斥责。"

要批评一个人的错误时，最好避免在公共场合，尽量选择单独会谈的方式。让对方感觉到自己的错误，没有必要当着别人的面公开指责。一次商务宴会上，罗伯特遇到了这样的一个场景。

那是一家公司的圣诞晚会，受到邀请的人都是与公司有生意往来的合作伙伴，所以这个晚会相当于一个非正式的商务宴会。公司的一个高级职员穿了一件不十分得体的晚礼服，与罗伯特谈话的公关部经理看到后马上中断了和他的对话，走到那个职员面前。

"你怎么穿这样的衣服来了？"经理的声音不大，但还是有人能听到。

"对不起……之前准备好的衣服不小心弄坏了，所以就……"

"那也不能穿这样的衣服来！"经理嫌弃地看着职员身上的衣

服，"简直是丢公司的人。"

面对咄咄逼人的经理，那个职员的脸色越来越难看。

"不要再解释了，马上去给我换一件，不然就离开这里，不要再在这里丢人了。"

被说得无地自容的职员只好狼狈地离开了会场。目睹这一切的罗伯特觉得这个经理做得过分了，他想这个经理应该不会在现在的位置上待很久了。果然，几个月后，这个经理被公司调到了外地的分公司，理由是无法和下属很好地相处。

领导不分场合，大庭广众下就将下属大批一通，对自身也是一种损害。因为他的不识体、没风度在很多人眼前暴露无遗，这是给自身形象抹黑。大家也许会忽略那个被训斥者所犯下的错，反而会把注意力投向这位唾液飞扬的领导身上。

不只是不要在人多的环境下批评说教，还有这样一些情形需要注意。比如说：

下属存在的错误和缺点是工作习惯方面的，你最好是私下谈心，一般不要当众指责，以免产生逆反心理。

两位下属心存芥蒂，情绪对立，就不能当着这个的面批评那个。否则很容易使一方认为你是在支持他，而另一方则认为你是在协助对方压制自己，从而使矛盾更加激烈，使情绪更加对立。

当一个人的错误涉及其他人时，不应当着被涉及人的面去批评。否则往往会使被涉及的其他下属认为你是在杀一儆百，从而对你产生误解。

大量事实说明，恰当地选择批评的时机和场合，对于优化批评的效果是十分重要的。

千万不要揭对方老底

在对别人进行批评时，翻老账往往会触动了别人最敏感的、最不愿意让他人触及的神经，从而使人产生极大的反感。

一名车间工人，因为工作失误，受到一个通报批评的处分。后来，他和一名同事吵了一架，于是车间主任找他谈话，对他进行批评，可只进行了几句，就不愉快了。下面是他们的对话：

车间主任："你对同事大打出手，可真够威风的啊。"

工人："我……"

车间主任（打断工人）："你怎么样？上次那个通报你忘了吧？我可是没忘啊……"

工人："那你就给我再来一个通报吧！一个我抱着，两个我背着！"

车间主任："你……"

批评最忌翻陈年老账，将对方过去的问题一股脑儿地抖出来以显示自己的理直气壮。殊不知，连珠炮式的指责只会扩大对方的对抗情绪，使所遇到的问题更难解决。

"并不是我喜欢揭人的疮疤，而是他的态度实在太恶劣，一点悔过的意思都没有。我这才忍不住翻起旧账来的。"车间主任事后为自己辩解说。

批评应针对当前发生的问题，帮助下属提高认识，改正错误。翻老账会使下属产生逆反心理，直觉告诉他领导一直在作收集他全部缺点的工作，这一次是在和他算总账，因而会产生对立情绪，不会作出任何配合的。

批评人时必须认清这种心理。就算不得不提及以往的错误，也要有意避开，以便能制造容易接受批评的心理状况。

假如领导发现了连下属也没察觉的错误，除非过去犯错累累，不然应避免重提。再说，犯错的部下自己知错，而且也接受了处理，更不可翻旧账，这样做只会增加部下的反感，绝不可能收到批评的效果。

如果下属常犯同样的错误，最好是仔细研究过去的批评或惩罚，下属反省到什么程度，又改进了多少。对下属的改进应给予肯定，且不要重复同样的批评。

不要一棒把人"打死"

在批评人的时候，不能一棒打死，而是要在批评之后给对方铺退路。

为了给对方"铺退路"，你可以假定双方在开始时没有掌握全部事实。例如，你可以这样说：

"当然，我完全理解你为什么会这样设想，因为你那时不知道那回事。"

"在这种情况下，任何人都会这样做的。"

"最初，我也是这样想的，但后来当我了解到全部情况时，我就知道自己错了。"

精明的人在说话时都懂得不撕破脸，在对方没有退路时给对方铺退路。这样对方也会自知理亏，而早早收场，不再纠缠。

有一位老师曾遇到过这样一件事：下课了，有个学生向老师反映，昨天她爸爸作为生日礼物送给她的一支黑色派克钢笔不见了。老师观察了一下全班同学的表情，发现坐在该女生旁边的那个学生神情惊慌，面色苍白。钢笔可能是她拿的。当面指出吧，苦于没有充分的证据；搜身吧，又不近情理。这位掌握一定攻心技巧的老师想了想说："别着急，肯定是哪个同学拿错了。只要等会儿她发现了，一定会还给你的。"说完，老师看了看那个学生。果然，下课以后，那个拿了钢笔的同学趁旁人不在的时候，赶紧把钢笔送还到那个女同学的笔盒里。

话不能说绝了，把退路都堵死了，难免会令对方灰心、失望。相反，我们应该使对方再燃起"明天起要再加油"的决心。

有时候，为了让对方下台，尤其是那种位高权重的人，不妨先把实话说出来，然后再对对方奉承一番，既让对方知道自己的错误，也能让对方高高兴兴地下台。

批评他人要就事论事

评价或批评，要对事不对人，即使批评，也要尽量给别人留足面子。

例如，一个学生解一道化学方面的题目，由于不小心，将分子式写错了，如果老师批评他："你怎么这样笨，这么小的问题也会出错！"被批评者心里肯定极不舒服。如果老师只针对他写错了分子式这一行为来批评，末了提醒他以后多加小心，被批评者一般会心服口服。联想集团杨元庆就是"对事不对人"，他批评最多、最狠的人都是公司中进步最快的人。他最生气的是"应该想到实际上没想到"，痛恨"以工作之便捞取好处"。但若工作尽心尽力了，仍没有做好，他却会原谅此人。

领导的批评应当针对下属的行为，而不应针对下属本身。对下属进行人身攻击容易产生上下对峙局面，导致下属心理上的敌对，产生副作用。例如，某位领导在大会上对几个经常迟到的人进行批评，可以有两种说法。一种是针对人而言："我们单位有几个出了名的经常迟到，这几个人脸皮特别厚，组织上已经三令五申开会不能迟到，可他们偏偏迟到，这种人头脑中毫无组织纪律观念，自由散漫，吊儿郎当，他们的行为危害整个集体……"另一种是对事而言："最近开会经常出现迟到现象，虽说人数不多，但迟到往往浪费大家时间，你等我，我等你，大好时光被等掉了。迟到也往往影响会场纪律，影响其他同志情绪，希望同志们能重视这个问题，杜绝迟到现象。"两种批评语相比，显然第二种优于第一种，前者用词尖刻，使当事者难以接受；后者语气比较委婉，既批评了不良现象，又团结了人。

批评要善意，要尊重、理解、信任被批评者，对事不对人，以理服人。对事，也仅仅是对其缺点、错误，而不能抓住一点，不计其余，以致否定一个人的全部工作、全部历史。而且还要进一步分析其动机与效果，如动机良好，效果不佳，就要先肯定其良好的愿望，再批评不当之处，然后教给正确的方法。切忌在情况尚未调查清楚之前就发脾气、乱指责，更不能挖苦、讽刺、嘲弄，不能揭老底、算总账、搞人身攻击。因为那只会造成或加剧对立情绪，使对方顶牛、抬杠，或口服心不服，讲形式走过场地来个假检讨，但思想并未触动，事后依然故我。这种批评看起来火药味挺浓，其实际效果则微乎其微。

　　在批评他人之前，一定要明确是就哪件事或事情的哪个方面进行批评，越具体明确越好。抽象笼统，"一竿子打翻一船人"，则会把事情弄糟。

批评他人先自我批评

在批评他人之前先谈一谈自己从前做过的类似错事，不仅可以让对方认识到问题的严重性，而且营造出心胸开阔、坦诚相见的良好批评氛围，从而使对方更容易接受。

有个叫约瑟芬的食品店店员，在一次运货时因马虎而使食品店损失了两箱果酱。为此，老板对他进行了如下一番批评："约瑟芬，你犯了个错。但我犯的许多错误比你还糟。你不可能天生就万事精通，那只有在实际的经验中才能获得。而且，你在这方面比我强多了，我还曾做出那么多愚蠢的事，所以，我不愿批评任何人，但你难道不认为，如果你换一种做法的话，事情会更好一点吗？"约瑟芬愉快地接受了老板的批评，从此做事认真多了。

作为长辈或上级，把自己曾经的过错暴露在晚辈或下属面前，目的不在于做自己检讨，而在于以自己的感悟来教育对方。这种借己说人的方法，让我们看到了融自我批评于批评中的魅力与力量。

1964 年，日本轻型电器业界因受经济不景气的影响而动荡不安，于是松下电器企业公司决定召开全国销售会议。

由于会议中反映出不景气的状况，所以空气中充满了火药味。在 170 家公司中，只有 20 多家经营良好，其他约 150 家的经营都出现极严重的亏损赤字。

"有什么意见都可以说出来。"松下先生一语未了，某销售公司的经理立即冲破水闸般地发泄他的不满："今天的赤字到这种地步，主要在于松下电器的指导方针太差，作为公司的负责人一点都不检讨自己是否有不足之处……"

"我方的指导当然有误，可是再怎么困难也还有 20 多家同仁获利。各位不觉得你们太缺乏独立自主的精神，太依赖他人，才招致今天的后果吗?"松下先生反驳道。

"还谈什么精神，我们今天来的目的不是听你说教，是钱!"也有人这么露骨地反唇相问。

三天十三个小时，松下先生就站在台上不断地反驳他们的意见，而他们也立即反击，大骂松下公司。就在会议即将结束，决裂的局面即将出现时，情况发生了转折性的变化。

第三天最后一次会见，松下先生走到台上，"过去两天多时间大家相互指责，该说的都说了，我想没有什么好再说的了。不过，我有些感想，给大家讲讲。过去的一切，走到今天这个地步，所有责任我们要共同负责。松下电器有错，身为最高负责人的我在此衷心向大家致歉。今后将会精心研究，让大家能稳定经营，同时考虑大家的意见，不断改进。最后，请原谅松下电器的不足之处。"说完，松下先生向大家鞠躬。

突然间，整个会场出现了不可思议的现象——整个会场顿时静了下来，每个人都低着头，半数以上的人还拿出手帕擦泪。

"请董事长严加指导。我们缺点太多了，应该反省，也应该多加油去干!"

随着松下先生的低头，人人胸中思潮翻涌。随后又相互勉励，发誓要奋起振作。

由此可见，自我批评比针锋相对的辩论、指责效果要好得多。

否定和批评下级，固然因为下级有了过失，但与此同时，处于指挥和监督岗位的上级，也有不能推卸的间接责任。领导真心承担责任有三个好处：一是做了表率；二是找到了自己的问题；三是便于确定下级的问题。假如领导仿佛自己没事儿一样，盛气凌人，只把下级批评一顿，却不肯承担领导责任，好像自己一贯正确，这样至少在他人看来很不谦虚。

于是，下级便有自己在领导心目中一无是处的委屈之感，虽表面未必反驳什么，但心中已耿耿于怀，成了上级工作的对立面。因此，在批评下级时，领导最好首先自责，进而再点出下级的错误，使其有领导与他共同承担错误之感，由此产生负疚之情。这样，在以后的交谈中领导说多说少、说深说浅，下级不仅基本能承受得了，而且融洽了彼此之间的感情，不至于弄得不欢而散。

未批先夸让他心安慰

在批评别人时，先找出对方的长处称赞一番，然后提出批评，最后再使用一些鼓励性的词语。这种方法使人认为你的批评是公正客观的，自己既有过失，也有成绩。这样就减少了因批评所带来的抵触情绪，收到良好的批评效果。

当某人听到别人对他的某些长处表示赞赏之后，再听到对他的批评，心里往往会好受些。比如，你刚在某人左脸上亲吻了一下，当他还在回味那甜蜜的感觉时，你再在他右脸上打一巴掌，这时他疼痛的感觉肯定没有只打不亲时强烈。

柯立芝任美国总统期间，一天对女秘书说："你今天穿的衣服很漂亮，你真是一位年轻迷人的小姐。"

女秘书受宠若惊，因为这可能是沉默寡言的柯立芝对她的最大夸奖了。但柯立芝话锋一转，又说："另外，我还想告诉你，以后抄写时标点符号要注意一下。"

像柯立芝这样在批评之前先表扬对方，以表扬来营造批评的氛围，它能让对方在愉悦的赞扬中同样愉悦地接受批评。因为人在听到别人对自己某些长处的表扬之后，再听到批评，心里往往容易接受。

但是，我们常常在使用这一招式的时候会错误地加上两个字。

有许多人在真诚的赞美之后，喜欢拐弯抹角地加"但是"两个字，然后开始一连串的批评。举例来说，有人想改变孩子漫不经心的学习态度，很可能会这样说："小虎，你这次成绩进步了，我们很高兴。但是，你如果能多加强一下代数，那就更好了。"

在这个例子里，原本受到鼓舞的小虎，在听到"但是"两个字后，很可能会怀疑原来的赞美之词。对他来说，赞美通常是引向批评的前奏。如此不但赞美的真实性大打折扣，对小虎的学习态度也不会有什么帮助。

　　如果我们改变一两个字，情况就会大为改观。我们可以这么说："小虎，你这次成绩进步了，我们很高兴。而且，如果你在数学方面继续努力下去的话，下次一定会跟其他科目一样好。"

　　这样，小虎一定会接受这番赞美了，因为后面没有直接明显的批评。由于我们也间接提醒了应该改进的注意事项，他便懂得该如何改进以达到我们的期望。

　　在使用未批先夸的方法时，一定要注意以下三点：

　　1. 先夸奖然后再委婉地批评。

　　2. 话语中要尽量避免出现"但是"二字。

　　3. 有时不妨采取先批评后赞扬的办法。

第八章

会说甜心话，一句话把人说笑

为人处世时，不要以为一味地赞美就能赢得他人的心。因为陈词滥调或者不着边际的赞美只会惹人生厌，赞美的直接目的是让对方高兴，如果你不想让对方出现审美疲劳的话，赞美的话一定要有新意，切忌老调重弹。

喜新厌旧是人们普遍具有的心理，所以赞美他人时要尽可能有些新意。陈词滥调的赞美，会让人觉得索然无味，而新颖独特的赞美，则会令人回味无穷。

"好话"也不能张口就来

美国钢铁大王卡内基，在 1921 年以 100 万美元的超高年薪聘请夏布出任 CEO。许多记者问卡内基为什么是他？卡内基说："他最会赞美别人，这是他最值钱的本事。"卡内基为自己写的墓志铭是这样的："这里躺着一个人，他懂得如何让比他聪明的人更开心。"可见，赞美在社会交际中是多么重要，它是你混社会的金钥匙。

人都有获得尊重的需要，而赞美则会使人的这一需要得到极大的满足。正如心理学家所指出的：每个人都有渴求别人赞扬的心理期望，人一被认定其价值时，总是喜不自胜。由此可知，你要想取悦客户，最有效的方法就是热情地赞扬他。

是的，每一个人都渴望得到别人的赞美，你如果能在工作中和生活中适时地运用赞美，学会欣赏，你的工作便会更加顺利，你的生活便会更加美好。无论在哪个领域，懂得赞美的人，肯定是优秀的人。

某公司销售员周强有一次去拜访一家商店的老板："先生，你好！""你是谁呀？""我是某某公司的周强。"老板一听说是某公司的，马上说："我不买产品，请你去别的地方推销吧。"周强说："今天我刚到贵地，有几件事想请教你这位远近出名的老板。""什么？远近出名的老板？""是啊，根据我调查的结果，大家都说这个问题最好请教你。""哦！大家都在说我啊！真不敢当，到底是什么问题呢？""实不相瞒，是……""站着谈不方便，请进来吧！"

就这样，周强轻而易举地取得了客户的信任和好感。有人不解，因为这商店的老板是没有任何人能说动的，就向周强请教秘籍。周强说："我没任何秘籍，除了赞美。"

　　的确，赞美是混社会的一种必需的训练。要在最短的时间里找到对方可以被赞美的地方，这才是你混社会的本领。赞美的内容很多，只要你的赞美出自真诚，就能起到神奇的作用。

　　西汉时，渤海太守龚遂在任上的政绩非常突出，深受当地百姓爱戴，这件事不知不觉就传到了汉宣帝的耳中，这一天汉宣帝心血来潮，下了一道圣旨召龚遂进京面圣。

　　叩拜皇帝之后，宣帝当着满朝文武大臣的面问龚遂渤海郡是如何治理的（在这种情况下，很多人也许都会认为机会来了，忙不迭地大肆渲染自己的手段）。龚遂从容答道："启禀皇上，微臣才疏学浅，没有什么特别的才能，渤海郡之所以能治理得好，全都是因为皇恩浩荡，都是托陛下您的洪福啊！"

　　宣帝听了龚遂的赞颂，颇为受用，觉得他不居功自傲，是可塑之材，于是，当下给龚遂加官晋爵。

　　龚遂官场的成功，在于他运用了人际关系中"要懂得赞美别人"的技巧，没有把取得的成绩说成是自己的功劳，而归功于"皇恩浩荡"，皇帝在得到赞美的同时，必然会尽可能地去发现去挖掘龚遂的诸般好处，因为人与人之间的作用力是相互的。

　　赞美别人，仿佛用一支火把照亮别人的生活，也照亮自己的心田，有助于发扬被赞美者的美德和推动彼此友谊健康地发展，还可以消除人际间的龃龉和怨恨。赞美是一件好事，但绝不是一件易事。赞美别人时如不审时度势，不掌握一定的赞美技巧，即使你是真诚的，也会变好事为坏事。

赞美的话要适可而止

几乎每个人都喜欢美食，但即使是自己最爱吃的东西，吃得太多也会觉得腻。赞美也是如此。虽然人人都爱听好话，但是对他人赞美的话语并非就是多多益善。有时候，赞美的话说得过了头，反倒会弄巧成拙。

恰到好处、恰如其分的赞美，才是得到事半功倍的效果的关键，所以过多的赞美就适得其反了。在办公室里，常常有这样一群人，他们总是喜欢对着谁都是一阵吹捧，尤其喜欢向上司大献殷勤，以为这样就能够博得上司的好感，从而获得升迁。事实上，这可能一点作用也没有起到，说不定还起了反作用。

某公司有一个人，只要一看到他们部门经理就马上赞美一番。无论是经理的发型、领带、衣服、裤子、鞋子等等，从头到脚都被他夸奖了一番。他自以为这样就能给经理留下好印象，殊不知，经理每次都被他夸张的赞美弄得很烦，但有碍于其他同事在场不好发作。

有一次，公司的一个重要的方案交给这个人做，做完后他自我感觉良好。交上去就一直等待着被经理表扬。经理果然喊他到办公室一趟，他以为他终于要被表扬了，说不定还要被提拔，心情很放松。进入办公室，他还没等经理开口，又开始夸赞经理的办公室布置得如何的好，经理这时脸色冷清地说："你嘴皮子的功夫倒是比你做方案的功夫好多了，看看你做的方案，出了这么多错！"

说赞美的话也有学问，并非是人人都能把赞美的话说到恰如其分。赞美也要适可而止，注意技巧，既能使对方欣然接受，不觉得赞美之言过火而心生烦躁，而且还要赢得对方对自己的好感，以达到其真正的赞美效果。赞美的语言是对别人言行举止或者身上的某个细节或者做事的成效的一种表扬，要使用得当，恰到好处，也并非是越多越好，过分的语言，不切合实际的赞美，那就过犹不及了。

赞美其实是充满了奥妙无穷的一门学问，"赞美"的实质是能够抓住所赞美的事物的实质。生活中的有些人经常会犯一些错误，就是见了什么都说好，信马由缰，天花乱坠，不懂装懂，本来的赞美之言，听起来倒像讽刺。作为一个赞美者，赞美不适度，反而会适得其反。因此，赞美别人一定要适可而止。赞美的尺度掌握得如何，往往直接影响赞美的效果。记住，恰如其分、点到为止的赞美才是真正的赞美。使用过多的华丽辞藻，过度的恭维、空洞的吹捧，只会使对方感到不舒服，不自在，甚至难受、肉麻、厌恶，其结果肯定是背道而驰。

恰到好处地恭维别人

在人们的印象里，"赞美"与"恭维"是一对孪生兄弟，好像没什么差别。其实不然，这两者之间还是有一定区别的。一般来说，赞美是针对你发现的对方优点而言，而恭维则不一定是对方真正的优点。因此，有时恭维显得有点儿虚情假意，有时被人们称为"讨好""阿谀奉承""溜须拍马""戴高帽""献媚邀宠"等，常被人们所鄙视。其实，这都是"不恰当的恭维惹的祸"。有时，因为恭维话说得过于低俗、过于频繁，就会引起人们的反感，而那些上等的恭维不仅能起到化解紧张关系的作用，还可称为一种艺术。

钱钟书先生有一年冬天访问日本，在早稻田大学文学教授座谈会上做《诗可以怨》的演讲。面对众多神情各异的日本学生，钱先生不慌不忙地说了这样的开场白：

到日本来讲学，是很大胆的举动，就算一个中国学者来讲他的本国学问，他虽然不必通身是胆，也得有斗大的胆。理由很明白简单：日本对中国文化各个方面的卓越研究，是世界公认的；通晓日语的中国学者也满心钦佩和虚心采用你们的成果，深深知道要讲一些值得向各位请教的新鲜东西实在不是轻易的事。我是日语的文盲，面对着贵国"汉学"等文化的丰富宝库，就像一个既不懂号码锁、又没有开撬工具的穷光棍，瞧着大保险箱，只好眼睁睁地发愣。但是，盲目无知往往是勇气的源泉。意大利有一句嘲笑人的惯语，说："他发明了雨伞。"据说有那么一个穷乡僻壤的土包子，一天在路上走，忽然下起小雨来了，他凑巧拿着一根棒和一方布，人急智生，他用棒支撑方布，遮住头顶，到家时居然发现自己没有被淋湿。他自我欣赏之余，觉得也对人类做出了贡献，应该公之于世。他风闻城里有一个发明品专利局，就兴冲冲拿着棒和布赶进城去，到专利局里报告和表演他的新发明。局里的职员听他说明来意，哈哈大笑，拿出一把雨伞来，让他看个仔细。我今天就仿佛那个上专利局的乡下佬，孤陋寡闻，没见识过雨伞。不过，在找不到屋檐去躲雨的时候，棒撑着布也不失为应急的一种有效办法……

这段谦虚的开场白，先是讲对日本汉学研究，中国人不敢等闲视之，即使是中国专家在日本讲中国学问，也要对听众的水平做最充分的估计。后讲自己不通晓日语，除了有勇气之外，没什么资本。然而，这两方面的内容以巧妙的自谦自嘲恭维了日本的听众，不着痕迹、不动声色，使人浑然不觉，又富有新意、表述恰当，真可谓恭维话中的经典。

当然，我们不可能人人都能达到钱钟书那种程度，也并不是所有的恭维话都必须那样深刻经典，生活中更多说恭维话时都是简简单单的，只要动一点儿小脑筋即可。

有位生性高傲的处长，人人都说他很难接近，表情生硬冷漠。有位外地来的办事员事先打听到他的脾气，一见面就微笑着递了一支烟说："处长，您好，没来之前心里直打鼓，结果我一进门就有人告诉我，处长是个爽快人，办事认真，工作效率高，对外地人也特关照。我一听，心里算踏实了。我就爱和这样的领导打交道，痛快！"这几句开场白，把处长捧得脸上立刻露出一丝笑容，接下去谈的正事，自然也比较顺利了。

这位办事员的成功便得益于开头的那几句漂亮的恭维话。他先把对方抬起来，使高傲者不自觉地维护起在对方心里的美好形象，从而变得和蔼可亲起来了。

恭维话除了与赞美相同的原则和特点外，还有些要格外注意的独特之处：

1. 恭维人的话在精不在多

有位人际学家曾说过："别像一个暴发户花钱那样，大手大脚地把高帽扔得到处都是。"的确，恭维人的话在精不在多，说好了一句胜过百句，说得没有技术含量，再多也没有效果，而且，过多过滥的恭维话必定毫无特点，听多了对方会觉得不自在，觉得你是虚情假意。如果你对每个人都花言巧语，你的信任度也会受到影响；同时，恭维过多也不利于交谈，本来紧凑的谈话如果频频出现"好聪明""好有能力"，对方频频表客气，谈话的气氛必然被破坏，往往无法顺利进行。

2. "拍马屁"别拍到马蹄上

戴尔·卡耐基说："赞美的话会因场合不对，没有说中要点，或时机不对……而收到相反的效果。与其那样，还不如什么都不说为好。"

有一次，大仲马去俄国旅行，来到一座城市，他决定去这个城市里最大的书店去逛逛。

这家书店的老板听到这个消息，想借此机会设法做点儿让这位法国著名作家高兴的事情，以备以后宣传之用。于是，他让员工把所有的书架上全摆满大仲马的著作。

大仲马到了以后，老板陪着他转，见到书架上全是自己的书，很吃惊。

"其他作家的书呢？"他迷惑不解地问。

"其他作家的书？……"书店老板一时不知所措，说道，"全……全都卖完了！"

书店的老板本来是想恭维和讨好大仲马，结果闹了个大笑话，得到了相反的效果，这就是因为恭维过度，"拍马屁"拍到了马蹄上。

赞美要"有理有据"

英国著名哲学家培根说："即使是真诚的赞美，也必须恰如其分。"这里所说的恰如其分，是指赞美别人要具体、确切，避免空泛、含混。赞美是需要理由的，赞美越具体明确，就越能让人觉得真诚、贴切，其有效性就越高。相反，空泛、含混的赞美由于没有明确的赞美理由，经常让人觉得难以接受。

比较一下下面两个例子：

甲："你的论文非常有创新性，比如关于智能家居方面的问题，提得非常好，不但让大多数人没想到，而且你竟然提出了改正意见。相信你对自己的文章也非常满意。"

乙："你的论文写得真是太棒了，我觉得非常好。"

甲乙两人虽然同时表达了赞美之情，但甲的赞美更实在，更容易让人接受。而乙的话却说得像是场面话，缺乏那么一点诚意。所以，在赞美别人时，不妨把话说得具体、清楚些。

要知道，当你夸一个人"真棒""真漂亮"时，他的内心深处就会立刻产生一种心理期待，想听听下文，以求证实："我棒在哪里？""我漂亮在哪里？"此时，你如果没有具体化的表述，就会让对方非常失望。所以，你就应该证明给他看。

王小姐是一个大型企业的总裁秘书，有三个客人都跟她说想要见她的领导。第一个客人对她说："王小姐，你的名字挺好的。"当时王小姐心里特想听听她的名字好在哪儿，结果，那位客人不再说了。王小姐感觉那个人不真诚。

第二个客人说："王小姐，你的衣服挺漂亮的。"王小姐立刻想听听她的衣服哪里漂亮，结果也没了下文，话还是没有说到位，让王小姐很失望。

第三个客人说："王小姐，你挺有个性的。"当王小姐想知道自己到底有什么样的个性时，那个客人接着说："你看，一般人都是把手表戴在左手腕上，而你的戴在右手腕上……"王小姐听后，感觉自己确实有点与众不同，很高兴，于是就让第三个客人见了她的领导，结果签了一个10万元的单子。这个10万元对于第三个客人来说，是很大的一笔生意。

上例中前两位客人由于赞美的话都是泛泛之词，只有第三位才把赞美的话具体化，最终签了大单。可见，赞美之词应当讲究具体才行。而像"你太漂亮了，你真棒，你真聪明"之类的赞美，比较笼统、空洞、缺乏热诚，有点像外交辞令，太程式化，会给人一种敷衍的感觉，有时甚至有拍马屁的嫌疑，会让人怀疑你的动机不纯，容易引起对方的反感与不满。

但是，如果你能详细地说出她哪里漂亮，她什么地方让你感觉很棒，她怎么聪明，那赞美的效果就会大不相同。因为具体化可视、可感觉，是真实存在的，对方自然就能由此感受到你的真诚、可信。因此，赞美只有具体化，才能深入人心，才能与对方内心深处的期望相吻合，从而促进你和对方的良好交流。

那么，我们如何观察才能发现对方具体的优点，并用恰当的语言表达出来呢？

1. 指出具体部位的亮点

我们可以从他人的相貌、服饰等方面寻找具体的闪光点，然后给予评价。

比如，当你赞美一位女士时说"你太漂亮了"，不如说"你的皮肤真白，你的眼睛很亮，你的身材真高挑，在美女群中很抢眼……"她的脑海里就会马上浮现出"白皙的皮肤，美丽的眼睛，苗条的身材……"这样，你的赞美之词就会让她难以忘怀。因为具体化的东西往往是可视、可感觉的，对方自然能够由此感受到我们的真诚、亲切与可信。

2. 和名人作某种比较

对于外表的赞美，倘若能结合名人来做比较，效果会更好。

社会名人和明星往往是大家喜欢甚至崇拜的对象，他们的知名度也比较高。如果你想夸赞某人，若能指出他的整体或某个部位像哪一位名人或明星，自然就提高了他的形象。

3. 以事实为根据进行引申

用事实作根据，从而引申出对性格、品位、气质、才华等方面的赞美。比如：当你看到一位女士佩戴的珍珠项链，你可以这样赞美她："您真有品位，珍珠项链显得自然高贵，英国的戴安娜王妃就最喜欢珍珠首饰了。"

当你看到同事家挂在墙上的结婚照时，可以这样说："你应该多送你太太聘礼。"同事不解地问："为什么？"你若这样解释："因为你娶了一位电影明星啊。"他听到这样的夸赞后，心里一定美极了。

在人际交往中，要想使我们的赞美效果倍增，就要学会具体化赞美，即在赞美时具体而详细地说出对方值得赞美的地方。这样既能让对方感受到我们的真诚，又能让我们的赞美之词深入人心。

赞美用词要优雅得体

抓住一个人的独特之处进行委婉地赞美，最能赢取人心，调节气氛。这是要有敏锐的观察、机智的应变能力才能达到的境界。

《红楼梦》中有这样的描述：史湘云、薛宝钗劝贾宝玉为官为宦，走仕途之路，贾宝玉大为反感，对着史湘云和袭人赞美黛玉道："林姑娘从来没有说过这些混账话！要是她说这些话，我早就和她生分了。"凑巧这时黛玉正好来到窗外，无意中听到这番话，使她不觉又惊又喜，又悲又叹。这之后，贾宝玉和林黛玉之间的爱情更加深厚了。

赞美别人，不单单是甜言蜜语，还要根据对方的文化修养、性格、心理需求、所处背景、语言习惯乃至职业特点、个人经历等不同因素，恰如其分地赞美对方。

张之洞任湖北总督时，适逢新春佳节抚军，谭继恂为了讨好张之洞，设宴招待他，不料，席间谭继恂与张之洞因长江的宽度争论不休。谭继恂说五里三，张之洞认为是七里三，两人各持己见，互不相让。眼见气氛紧张，席间谁也不敢出来相劝。

这时位列末座的江夏知县陈树屏说："水涨七里三，水落五里三，制台、中丞说得都对。"这句话给俩人解了围，俩人抚掌大笑，并赏陈树屏20锭大银。

陈树屏巧妙且得体的言辞，既解了围，又使双方都有面子。这种赞赏就充分考虑了听者的心理和当时的情况。

人的素质有高低之分，年龄有长幼之别，因而特别的赞美比一般的赞美能收到更好的效果。老年人总希望别人不忘他当年的业绩与雄风，同其交谈时，可多称赞他引以为豪的过去；对年轻人，不妨语气稍微夸张地赞扬他的创造才能和开拓精神，并举出几点实例证明他的确能够前程似锦；对于经商的人，可称赞他头脑灵活、生财有道；对于有地位的干部，可称赞他为国为民、廉洁公正；对于知识分子，可称赞他知识渊博、宁静淡泊。当然这一切要依据事实，切不可流于虚情假意与浮夸。

在生活中，并不是人人都有好的口才，许多人的赞美往往"美"不起来。有的人说话不自在、不自然、不连贯，甚至面红耳赤，自己别扭，别人听了更别扭。还有的人因为不能恰当地运用赞美的语言，以致词不达意，反令被赞者极为尴尬。

一次，小刘的几位中学同学到自己家玩。刘妈妈对人非常热情，同这些当年的"小毛头"亲切地交谈起来。

听到大家都大学毕业了，工作也都不错，刘妈妈眼里流露出既高兴又羡慕的神色，摇着头叹息说："你看你们，是多好的孩子！一个个油光满面，到哪都讨人喜欢。俺那个崽，不会来事，三脚踹不出个屁来，到现在还没找到工作呢。"

一句话差点儿让大家背过气去，笑也不是，怒也不成。老太太本是好意，想夸奖他们一下，也许想说一句"春风满面"，但却用了"油光满面"，意思来了个180°的大转弯。大家虽然都知道她老人家是一位文化不高的农村妇女，不知从哪里捡来一个连她自己也弄不懂的词语，但毕竟让人无言以对。

笨拙的讲话就像一架破烂不堪的录音机，使赞美这本该美妙动听的旋律变得刺耳难听，不能打动人、感染人，反而会损伤人的情绪，扭曲原意。

在一次管理层会议上，一位报告人登台了。会议主持人介绍说："这位就是吴女士，几年来她的销售培训工作做得非常出色，也算有点儿名气了。"

这末尾一句话显然是画蛇添足，让人怎么听都觉得不太舒服，什么叫也算有点儿名气呢？称赞的话如果用词不当，让对方听起来不像赞美，倒更像是贬低或侮辱。所以在表扬或称赞他人时一定要谨言慎行，注意措辞，尤其要把握好以下几条原则。

1. 列举对方身上的优点或成绩时，不要举那些无足轻重的内容，比如向客户介绍自己的销售员时说他"很和气"或"纪律观念强"之类与推销工作无关的事。

2. 赞美中不可暗含对方的缺点。比如一句口无遮拦的话："太好了，在屡次失败之后，你终于成功了一回！"

3. 不能以你曾经不相信对方能取得今日的成绩为由来称赞他。比如："真想不到你居然能做成这件事"，或是。能取得这样的成绩，你恐怕自己都没想到吧!"

总之，称赞别人时在用词上要再三斟酌，千万不要胡言乱语。

赞美的话要说到点子上

赞美要有点专业精神，大而泛之的"真好啊""真美啊"之类的赞美，虽也属于赞美，但让人感到乏味与空洞，受到你赞美的人也激不起多少惬意。如果碰上多心或不够自信的人，说不定还会引起困惑或不安：会不会是故意这样说的呢？难道……

打个比方，别人要你看一篇他发表的文章。你看完后，只知道说"好啊好啊"的，很难取得赞美的效果。好在哪？视角独特？结构严谨？行文雅致？字字珠玑？这些话不说到，难道是因为在他的文章中找不到半点此类优点，才不得不空泛地说好？

我们在前面谈到的邹忌，他在赞美齐威王琴艺时，是这么说的："……大王运用的指法十分精湛纯熟，弹出来的个个音符都十分和谐动听，该深沉的深沉，该舒展的舒展，既灵活多变，又相互协调，就像一个国家明智的政令一样……"

邹忌的赞美恰到好处，让人听了不会觉得他在故意逢迎，而是真心的赞美。但要恰到好处，多少需要一点专业知识，也就是说要"懂行"。懂行的话，你就能抓住需要赞美的事和物的本质，不会说乏味肤浅的空话。许多人常犯外行的错误，见了什么都说好，见了谁都说高，有的是不懂装懂，有的是只知其一，不知其二，语言不到位，说不到点子上，切不中要害，缺乏力度。

当然，世上的行业多如牛毛，我们不可能成为一个全才或通才。很多事物我们都没有拥有足够的知识去品味。这需要我们在平时有空多学习，扩大知识面。同时，对于你不具备基本知识的事物，在主动赞美时就应该避开。而在别人请你鉴赏或评论时，也可以实实在在地说明自己不懂，然后以外行的眼光简单地赞美也无可厚非。

有一次，我和几个朋友去拜访一位作家，谈到他新发表的中篇小说，有的说："写的真感人！"还有的说："我恐怕一辈子也写不出这么优秀的小说出来了。"其中有一位朋友说得有点特色："常言道，文如其人。您的这个中篇，全文大开大合，显示了您为人的大气；行文洗练，和您做事干脆利落的风格一致；对小人物的细腻刻画中，又见您善良悲悯的人文情怀；写的虽是悲剧但没有过多地沉浸于伤感，而是将视角抬升到了产生悲剧的原因，说明您对社会有着深刻的思考。"夸文赞人，在行在理，独辟蹊径，巧妙地换了个新角度，令人耳目一新。他的赞美与众不同，技高一筹。

　　可见，见解深刻的赞美是多么与众不同。不仅能让人对你刮目相看，更重要的是：能让被赞美者产生真实的认同感，能让他产生与你积极沟通与交流的愿望。

嬉笑怒骂皆可赞美

在球场上，我们经常听到踢球或打球的小伙子们用粗俗的语言来赞美对方，大家不仅不觉得刺耳，反而觉得有一种十分朴实、真挚的情谊隐于其中，而受到夸奖者也不以粗话为不敬，相反，往往更加得意、十分快活，有时还会用粗话还击，将对方着实地再夸上一番。在一场足球赛中，一个小伙子截到球后，快速出击，左躲右闪，连过数人，飞起一脚攻破对方大门。只见胜方的队员们个个大喜，一个小伙子冲上去就给那位破门勇士一拳，大叫着："真是'牛'脚。"两人哈哈大笑。

看来，只要骂得得体，同样会有夸奖的效果。这大概正反映了男人们渴望挣脱枷锁、追求野性力量的一种心态吧！真实，嬉笑伴怒又何尝不是赞美之法呢？

赞美一个人，并不是做报告或谈工作，没必要十分严肃。赞美贵在自然，它是人际交往活动中在一定场景下的真情流露。僵硬、虚夸、做样的赞美，即使是出于真心实意，也会让人反感、提防，甚至将你归于阿谀小人之列了。所以，赞美的方式是多种多样，而且是千变万化的，在嬉笑怒骂间常可收到出奇的效果，从而增进你与朋友的友谊。

案例回放

有位大学生，成绩总是第一，大家打心眼儿里佩服他、尊敬他。一次，他又考了第一名。在饭后的"侃大山"中，好几位同学都夸了他，却没有一位是用直接赞美的方式。一位同学故作心痛，手捂胸口，叹息道："既生我，何生你。"引得众人大笑。另一位作嬉皮笑脸状："今晚跟我去看录像吧，既然我赶不上你，把你拉下马也成。"而另一位同学则一副怒不可遏的样子："这日子没法过了。"惹得同学们一阵欢笑。那位成绩第一的同学也跟着大伙笑，并真诚地表示自己一定会尽全力帮助别人。他在同学们中的形象更好了。

嬉笑怒骂皆赞美是要讲究对象、场合和方式方法的。如果不顾及你与对方的关系、所处的环境而滥用此法，别人就会觉得你不庄重、不真诚、粗不可耐，不但不能收到赞美对方的效果，反而影响了自己的形象。

一般来说，嬉笑怒骂应用于非正式的场合，如在聊天、锻炼、娱乐中，在比较正式的场合，特别是大庭广众之下，切忌这些太随便的方式。

另外，嬉笑怒骂用之于青年人中间，特别是同学、朋友间比较合适。对话人之间应彼此熟悉，关系较为亲密。一般的朋友或初次见面时，则不宜采用此法。在有上、下级关系或长、晚辈关系的人之间，更不宜用嬉笑怒骂的方式来赞扬对方。

嬉笑怒骂还不宜使用得过于频繁。因为这种正话反说、随随便便的赞美方式本身就有一定的冒犯他人的性质，如使用过滥，不仅会使赞美串了味，使对方误以为你是在挖苦他，而且你个人的形象也会因此受到极大的损害。

别让赞美变阿谀奉承

在与人交往时，有些人总是竭力恭维、美言别人。他们认为既然人都是喜欢听好话的，那么，自己多说好话自然就能取得好效果。殊不知别人并不怎么买好话的账。这是什么原因呢？

赞美并不等于善言，赞美适度才是善言。如果错误地把赞美当作善言，不分对象、不分时机、不分尺度，在交际中总是千方百计、搜肠刮肚找出一大堆的好话、赞词，甚至把阿谀当作善言，那么常常会事与愿违。

那么，如何准确地把握赞美，使赞美恰如其分而不失度地成为真正的善言，取得事半功倍的效果呢？

1. 因人而异，使赞美具有针对性

赞美要根据不同人的年龄、性别、职业、社会地位、人生阅历和性格特征进行。对青年人应赞美他的创造才能和开拓精神；对老年人则要赞美他身体健康、富有经验；对教龄长的教师可赞美他桃李满天下，对新教师这种赞美则不适当。

2. 借题发挥，选择适当的话题

赞美本身不是目的，而是为自荐创造一种融洽的气氛。比如看到电视机、电冰箱先问问其性能如何；看到墙上的字画就谈谈对字画的欣赏知识，然后再借题发挥地赞美主人的工作能力和知识阅历，从而找到双方的共同语言。

3. 语意恳切，增强赞美的可信度

在赞美的同时，准确地说出自己的感受，或者有意识地说出一些具体细节，都能让人感到你的真诚，而不至于让对方以为是过分的溢美之词。如赞美别人的发式可问及是哪家理发店理的，或说明自己也很想理这样的发式。美国前总统罗斯福在赞扬英国前首相张伯伦时说："我真感谢你花在制造这辆汽车上的时间和精力，造得太棒了。"总统还注意到了张伯伦曾经费过心思的一个细节，特意把各种零件指给旁人看，这就大大增强了夸赞的诚意。

4. 注意场合，不使旁人难堪

在多人在场的情况下，赞美其中某一人必然会引起其他人的心理反应。假如我们无意中赞美了某职称晋升考试中成绩好的人，那么在场的其他参加考试但成绩较差的人就会感到受奚落、挖苦。

5. 适度得体，不要弄巧成拙

不合乎实际的赞美其实是一种讽刺，违心地迎合、奉承和讨好别人也有损自己的人格。适度得体的赞美应建立在理解他人、鼓励他人、满足他人的正常需要及为人际交往创造一种和谐友好气氛的基础之上。

在这个物价高企的社会，美丽的辞藻定为数不多的免费"物资"之一。你不用花钱，就可以拿赞美当礼物送给别人。而接受你礼物的人，会回馈你感激与友好。除此以外，你还将享受感激与友好带来的一切回报。

背后赞美更能打动人

我们都知道，在背后说一个人的坏话是会传到当事人的耳朵里，但是却很少想过，在背后赞美一个人也是会传到对方耳朵里。常常，我们为了讨好别人，朋友、同事或者上司，总是拼命地想尽办法想说出些打动他们的话，但是很多时候却没看到什么效果。殊不知，在背后的赞美往往会有奇效。

有一家公司的经理，是一个很有才能的人，但是脾气比较古怪。由于经理对公司的经营有方，使得公司赢利丰厚。所以，经理难免心里飘飘然，希望多听到下属对自己的称赞和恭维。

刚开始，每当经理谈成一笔生意的时候，下属们都交口称赞，经理也很得意，心花怒放。可是时间久了，经理感觉这样的赞美太单一，也觉得这样的称赞缺乏诚意，有些索然无味了。就算有人当着他的面，把他夸上了天，他也显露不出一丝的满意。因此，当着经理的面，大家都不知道该赞美好呢，还是默不作声好。

有一次，经理又成功地谈成了一笔大生意，非常开心地和下属们开庆祝会。公司里新来的小彭一直都很景仰经理，这次更感觉经理是商业上的天才，因此，忍不住向身边的同事赞美起了经理，并表示能跟着这样的经理做事，真是受益匪浅，还说要以经理为目标。

后来，经理从别人的口中听到了小彭对自己的夸赞，心里十分开心，他满意地对大家说："像小彭这样工作努力又谦虚的员工，才是我们公司要培养的目标啊。"

很快，小彭就受到了经理的重用，职场生涯也因此平步青云。

所以，如果你要赞美一个人时，背后说的效果往往比当面说的效果不知道要好多少。因为，当面夸赞一个人，别人也许会以为你是在讨好他，可能不会放在心上。而背后赞美一个人，往往让别人觉得你特别真诚，他也会打心底高兴，对你也会产生好感。换个角度想，如果有人告诉你，某某在背后说了你很多好话，你是不是也会特别高兴呢？所以，这样方式对每个人都是受用的。

《红楼梦》中有这么一段：

史湘云、薛宝钗劝贾宝玉做官为宦，贾宝玉大为反感，对着史湘云和宝钗赞美林黛玉说："林姑娘从来不说这些混账话！要是她也说这些混账话，我早和她生分了。"

凑巧这时黛玉正来到窗外，无意中听见贾宝玉说自己的好话，"不觉又惊又喜，又悲又叹"。结果宝黛两人互诉肺腑，感情大增。

因为在林黛玉看来，宝玉在湘云、宝钗、自己三人中只赞美自己，而且不知道自己会听到，这种好话就不但是难得的，还是无意的。倘若宝玉当着黛玉的面说这番话，好猜疑、小性子的林黛玉怕还会说宝玉打趣她或想讨好她。

在日常生活中，如果我们想赞扬一个人，不便对他当面说出或没有机会向他说出时，可以在他的朋友或同事面前，适时地赞扬一番。

据国外心理学家调查，背后赞美的作用绝不比当面赞扬差。此外，若直接赞美的度不足会使对方感到不满足、不过瘾，甚至不服气，过了头又会变成恭维，而用背后赞美的方法则可避免这些问题。因此，有时不适合当面赞扬时，不妨通过第三者间接赞美，这样的效果可能会更好。

每个人都认为"天生我材必有用"，工作中的每一点成绩都将使自己有一种自豪感。所以，在工作中恰到好处地赞美合作者所付出的才智、汗水、努力和作用，会使对方感到自己在工作中的价值，获得心理上的满足，使合作双方的关系更融洽。

缺乏真诚，赞美如讽刺般惹人厌恶

假如身边的人在你眼里是天使，那你生活的地方就是天堂；假如身边的人在你眼里都是恶魔，那你生活的地方就是地狱。看待对方，我们不妨真诚一点，给对方一些美好，一些赞美，把他们看作是天使，那自己也会更加欢乐，做人的境界也会不断提升。

张馨馨原本是位身材苗条的女士，但自从生下孩子后，身材完全走形了，致使张馨馨现在无论买什么衣服，都不像以前那样干脆，而是会反复斟酌，直到自己认为真的合适才会购买。

一次，张馨馨去一家服装店买裙子，试了很多款式，总是觉得不合适。她站在镜子前感叹道："这可怎么是好啊，简直挑不出一件适合自己的，唉……"

这时候，服装店的导购小李走上前去，笑着说："怎么了，美女，你的气质这么好，穿什么衣服都会好看的，试试这件吧，或许更适合你呢。"说着拿来一条连衣裙。

听了小李的这番话，张馨馨拿过裙子，进了试衣间，一会儿，当她出来的时候，在镜子前不断地扭来扭去，她感觉自己穿上这条裙子还真是挺合适，而且非常漂亮，脸上露出了满意的微笑。但这时候，小李又说了一句话："真的是太完美了，您瞧瞧，您身材这么好，线条这么完美，穿上这条裙子真的太漂亮了，跟电影明星似的。"

张馨馨听完，脸色马上变了，说了一句："您是不是对每个试衣服的女士都这么赞美啊？"虽然张馨馨用了一个"您"字，但小李明显听出张馨馨心中的不悦，因为她已经放下衣服，离开了专卖店。

本来小李挑选的裙子很合张馨馨的心意，但是小李却说出了不合适的赞美之词进而惹得她很不满意，随后放弃了购买。赞美别人本是一件好事，但是毫无意思甚至是脱离实际的赞美会让人心生厌恶，因为这对于他人来说是一种讽刺。所以说，如果你不会赞美，那还不如不说，以免麻烦更多。总之，如果你想得到好的赞美效果，一定要本着真诚的心态去面对他人。

真诚的、发自内心的赞美，可以搞好人际关系，使你在提升影响力的道路上畅通无阻。从一定意义上讲，赞美是一种有效的情感投资。对领导的赞美，能使领导心情愉悦，对你越发重视；对同事的赞美，能够联络感情，增强团队精神，在合作中更加愉快；对下属的赞美，能使你赢得下属的敬重，激发下属的工作热情和创造精神，协助你在事业上更好地发展；对生意伙伴的赞美，则会赢得更多的合作机会，从而获取更多的利润。如果你是一个商人，学会赞美你的顾客，就会拥有更多的回头客。

但是，要说出适当赞美的话需要经过认真思考，要让人听起来至少是合乎实际的，是实事求是的，而不是没有一点真诚可言的。如果赞美不当，别人就会怀疑你居心叵测。为了避免遭遇尴尬，赞美别人时你需要注意以下几个方面：

1. 拍马屁不叫赞美

拍马屁不叫赞美，因为那种奉承不是发自内心的。如果你经常说一些违心的话，那么，当你说真话时，人们便很难再相信你了。有很多事情值得你去真诚地赞扬，没有必要说不真心的话。

2. 有一双善于发现美的眼睛

虽然每个人都有一些公认的优点或长处，但为了体现自己的"特别关注"，我们应该尽量从细微之处赞美对方，令其产生被重视、被尊重的感觉。比如，"这点小问题其实是不用在意的，你都能重新再做一遍，你的认真态度值得我们学习"，这会令对方有意外之喜。

3. 不要总是附和他人

对于一个事物，每个人都有自己的见解，要有自己的思想，不要总是附和着他人说话，不要听别人赞美什么你就跟着赞美什么，这样的赞美是不走心的，不仅让人听着厌烦，还会让人觉得你是个没思想的人。

朋友们要注意，赞美很实用，但并非人人都懂得其中的技巧。不管做什么事，都要懂得审时度势，巧妙变通，否则，即便你的心是善良的，也未必能得到他人的认可。所以，掌握一定的赞美技巧是完全有必要的。

第九章

交谈需设防，警惕说话中的雷区

在与人交往、聊天谈心时，总有一些话题不适合谈论。对于初次相识的人来说，这其中的禁忌很多，就算是老友重逢，也并不是所有的话题在任何时间、任何地点都适合拿来公开谈论。这些话题包括：使对方感到不适、不快的话题，不便与第三者议论的话题，个人隐私，等等。这些话题都是与人交谈的"雷区"，我们必绕道而行。

多寻找安全的话题聊

　　日本电影《望乡》中阿琦婆在回答女记者的询问时，有一段话说得十分精辟。她说："每个人都有自己的事情，别人愿意告诉你的，即使你不问，他也会告诉你；而他不愿说的，你最好也不要问。"

　　在你打算向对方提出某个问题的时候，最好是先在脑中过一遍，看这个问题是否是对方忌讳的，如果是，就要尽可能地避免，这样才不会引起对方对你的反感，还会为你在应酬中得体的问话与轻松的交谈而对你留下好印象，为继续交往打下良好的基础。

　　交际学家总结出一些常规的谈话禁忌，建议你将它们牢牢记住：

　　（1）个人收入。人们心里普遍有这样一个共识：一个人的收入与其个人能力和社会地位存在着直接关系，通常个人收入的多寡，一向被人看作自己的脸面，尤其对于男士来说更是如此。所以，当你直接或间接地打听别人的收入状况时，如果对方的收入并不是很令他自豪，那么他一定会十分反感，有时还会引起他的自卑感，所以不适合作为聊天的话题。

　　（2）健康状况。以往，在熟人相遇后彼此打招呼时，大家经常会相互问候对方："身体还好吗？"如果对方不久前曾经生病，可能还会再问一句"病好了没有？"以表示你的关心，若是彼此已经很熟悉的话，则还会问对方更深的话，如："手术做了吗""都吃了些什么药""医生怎么说"。可现在，人们在闲聊时越来越忌讳谈这些情况，尤其是有严重疾病的人，如癌症、糖尿病患者，本来已经承受着巨大的精神压力，你的"关心"不仅不能缓解他们的苦痛，还会提醒他们自己是个病人，反而会增加他们的痛苦。另外，一些难以启口的病症，如"艾滋病""妇科病"等，患者也不希望自己成为谈话的对象。

如果你想谈谈自己的健康状况，也要看好对象，一般来说，除了自己的亲朋好友，没有人会对你的健康检查或过敏症感兴趣。

（3）年龄大小。在西方人的应酬中，"询问女士的年龄"被看成是最不礼貌的行为之一，对年轻的女士来说，她们会误认为你心怀不轨；对已过了最佳年华的女士来说，她们会认为你在讽刺她不再年轻，所以对你产生厌烦情绪。正如一位真正的绅士所说："应当永远'记住女士的生日，忘却她们的年龄'"。现在越来越多的中国人也意识到了这一点，尽量避免问人家"芳龄几何"，就算是别人问起时也尽量往年轻里说。

近年来，受国外思想的影响，开始对"老"字有了反感。曾经我们听起来非常顺耳的"老人家""老先生""老夫人"这一类尊称越来越不受欢迎。我们说话时也应注意这些忌讳，以免引起不快。

（4）争议性及敏感性话题。每个人看问题都站在不同的角度上，因此总会得出不同的结论，小到对一件事的看法，大到对宗教、政治、党派的信仰，这些结论往往没有正确或错误之分，仅仅因为人们的世界观不同而不同，动不动就对交往对象的宗教信仰、政治见解品头论足，甚至横加责难、非议，或是将自己的观点、见解强加于人，都是对交往对象不友好、不尊重的表现。而这样的争论往往谁也说服不了谁，改变不了谁，结果只能是不欢而散了。所以这类话题最好避免。

（5）东西的价钱。我们可能都有这样的感觉，如果与一个人聊天的话题老是"你看我这条珍珠项链，8000多呢，好看吗？""这件上衣怎么样，700块，值吗？""你这个多少钱？""那个多少钱？"这种人总是喜欢拿自己与别人做比较，如果自己的房子、车子、首饰、衣服比对方的好，就洋洋得意，不如对方时自己就心生嫉妒，气得眼红。这样的人给人的感觉便是俗不可耐、爱慕虚荣，恐怕没有人会喜欢与这样的人交谈。

（6）个人的不幸。多数人都喜欢在愉快的气氛下与人交谈，都喜欢说一些相对轻松、愉快的话题。有时会在无意中提起自己的不幸，若是对方主动提起，你可以表现出同情并听他诉说，但不要为了满足自己的好奇心而追问不休；如果你对这些话题一点儿兴趣都没有，就不如找个机会走开或者是转移话题；如果不幸的主角是你自己，则最好少提，因为这有可能会引起听者的反感，千万别像"祥林嫂"那样把自己的不幸一遍一遍地说给别人听，以求得到别人的同情，或许在你声泪俱下时，听的人早已如坐针毡，以后永远都不想再与你见面了。

（7）低俗的言语。黄色笑话在公共场合或是不太熟的朋友之间说，效果就不好了。常说黄色笑话的人会被认为是轻浮、不稳重的人，以为他们只会用这种方式来哗众取宠。

（8）害人的谣言。相信绝大多数人都讨厌那种到处散布别人谣言的小人，尤其是当我们成为那些可怕的谣言的主人公，而这些不利的谣言又给你的生活和工作带来很多不必要的麻烦时，你对他们更是恨之入骨。你一定不想成为这样让人恨的人，所以，当你要开始谈论这些闲话之前，请先思考一下，无论是"添油加醋"，还是"原原本本"，一旦说出口都会对他人造成伤害，所以还是沉默为妙。如果别人想继续讨论这些闲话，你还可以准备一些有趣的话题转移大家的注意力，你的这个举动说不定还会让在场的人佩服、尊敬。

该张嘴时慎说，不该说时闭嘴

小张是一家大型电脑公司的系统工程师，他在公司工作了近两年，因其技术高超并很关照晚辈，上级对他也另眼相待，正准备在这次大合同签下来的庆祝之际宣布他升职的好消息，相信其他员工也会心服口服。然而，怎么也没有想到，在眼看就要签下合同时，他无意中犯了个意想不到的大错误。

那一天，客户方的几位高层来到小张的公司谈判，其间小张作为系统工程师作了非常认真、细致而详细的解说，对方表示很满意。在说明会的休息时间里，小张的领导王总向他祝贺，说他的发言非常精彩，小张心里也喜滋滋的。在正式会议再次开始前，小张去了下洗手间，要洗手时才发现自己这边的洗手液用完了。他看到另一面墙上的洗手液还很满，一位老人正要用。

小张也没注意，因为他一心想赶时间，也没顾上向老人打声招呼就径自伸手在老人之前挤了洗手液，然后也没有注意到老人的表情，急急忙忙地洗完手就匆匆走出去了。这个非常失礼的举动使老人很是生气，而这位老人正是客户方的董事长。

这笔本已成功90%的生意最终还是没有谈成。没过几天，他们得到消息，他们的竞争对手以同样的条件拿到了这笔生意。王总很不解，便亲自登门去客户公司拜访，那位老人接见了他，把那天的事原原本本地说了一遍，还说："做系统工程本来是要非常注意细节的，有时极小的业务差错都会给我们带来很大的麻烦，而你们的工程师在此事上的表现让我觉得他是个不注意小节的人，这样的人很难让我相信他在工作上能注意细节。"小张得知此事后，后悔不已，只好引咎辞职。

如果小张能在当时多说一句："麻烦你，我赶时间，先用一下，谢谢您！"就不会是这种结果了，而小张正是少说了这句该说的话而付出了巨大的代价。

正所谓"该说的话一句也不能少"，在为人处世时要多多注意，时时小心，千万别像粗心的小张那样事后再去后悔。但是，话也不是越多越好，不是什么都要说，面对那些不该说的话，嘴边一定得有个"把门的"。要谨防"好话千万句，毁于一二言"的情况。

某公司推销部经理独自一人去外地出差，在一个风雪交加的早晨接到老板的一个电话，电话中老板对她说："你一个女同志在外面要多注意安全，今天那边下雪了吧？雪天路滑，多加小心。"这位经理听到这句话立刻感到周身温暖，老板接着又说："别摔断了胳膊腿，最近业务很多，本来人手就少，摔坏了就把生意给耽误了！"听到这里，这位经理简直气得想把电话摔了，原以为老板在关心自己，哪知他关心的只是他的生意，心情也从温暖的六月一下转至寒冷的十二月。

本来是一句温暖而激励的话，却因为多了几句没用的话，使得语义全变，使得本来已取得的心理得分瞬间带了负号。

职场上也是如此，平时与朋友一起聊天时，同样也要注意，也许你是有口无心，可对方却可能将你的话深深记在心里。

戚戚是高才生，本科毕业直升硕士，硕士毕业后本来还想继续念博士，可是他找到了一个不错的工作，薪水高，一去就是部门主管。因为优秀，于是他成了公司中一位全新的青年才俊，不少女孩对他表示爱慕，但他都没有答应，因为他心里已经有了另一个女孩小微。

经过他的不断追求，小微终于同意和他一起去看电影、吃晚饭，他们聊得很愉快，天南海北，无所不谈，说着说着，两人讨论起北京的交通问题。在北京土生土长的戚戚说："北京这几年交通情况恶化主要是因为外地人来得太多了，真应该严格户口制度，没有正式工作的就应该遣送原籍，差不多的二三流大学的家伙就不应该给他们就业机会。"小微听到这里脸色大变，她也是从外地考上北京一所一般的大学才来的北京。戚戚有口无心，说了句不该说的话，小微却觉得他是在有意羞辱她，于是后来便不再和他交往了。

有时候，我们得罪了人都不知道是怎么得罪的，其实大多数都无外乎两种情况——"该说话的时候少说了一两句"或者"在不该说话时多说了一两句"。看看以上三个故事中是不是有自己的影子，以后在开口说话时一定要多多留心，不要因为细节就掉以轻心，省略重要的话；还应随时警惕，开口前三思，谨防画蛇添足、祸从口出。

对方的错误不是你失礼的借口

有一位作家，作为特约嘉宾出席某个活动，刚到现场，进门时不小心碰到了一位女士，作家赶忙道歉，这位高傲的女士并不知作家的身份，便刻薄地取笑作家说："看你长的样子简直像一只猴子。"周围的人听到这话都笑了，作家显得有些难为情，尴尬地笑笑，自我解嘲地说："是呀，没赶上好年代。"于是很绅士地伸出手说道："请您先走。"

周围的人不明白为什么有身份、有地位的大作家能这么平静地忍受来自别人的侮辱。这件事就像一个谜一样让大家困惑不已，而这位作家却闭口不谈。

直到多年后，有人问起此事，作家笑笑没有直接回答，而是问了对方一个问题：

"当你被狗咬了一口时，你会也去咬狗一口吗？"

"当然不会，我又不是狗"。

"同样道理，我也不是狗。"

作家的话道出了与人交往的道理，我们每个人都应该有自己为人处世的原则，不能因对象的不同就随意改变，别人的失礼绝不能成为你失礼的借口。

在公交车上，甲乙两人在急刹车时不小心碰着了。

甲："你没长眼呀？"

乙："你才没长眼呢……"

于是一场恶战开始了。

美国一位非常成功的商人在回忆自己的父亲时提到过一段往事，他说这是他父亲给他上的一堂意义深远的课，对这件事的记忆多年来一直伴随着他。他的父亲曾对他说出这样的话："人与人相处，千万别因为别人对你的态度而改变自己的行为准则，如果面对每一个不够礼貌的人我都生气并回击或者做出不智的举动，那我的生活可能就会糟糕透顶，我的一生就真的太不值得了。"仔细想想老人的话，的确蕴藏着深刻的道理。

杰克逊小的时候，常在父亲开的杂货铺里帮忙。在那儿工作的都是成年人，大家互相尊重，其乐融融。后来，杂货铺里来了一个不怎么受欢迎的人，伙计们背地里都叫他"堕落的老家伙"。这里工作的人都知道他在年轻时做过一些不光彩的事，尽管他已经改邪归正了，但人们总是不忘记他的过去，认为他不是一个值得尊敬的人。

杰克逊对这个人的背景也有所耳闻，所以与其他孩子一样，对他很不尊重。这里的孩子们称呼其他成年男性都是"某某先生"，而对于这个人，他们却只叫他"乔森"。

有一天，杰克逊的父亲听到了儿子与"乔森"不礼貌的对话，于是便把儿子叫到跟前。

"我的孩子"，父亲说，"我曾经告诉过你无数次，跟长辈说话时一定要有礼貌，你为什么还是不听话？"

杰克逊知道父亲指的是这件事，便理直气壮地解释道："先生"一词是给值得尊敬的人用的，而那个家伙，他可不配！他怎么能和"史密斯先生"或"布朗先生"共同使用这一个词呢？

父亲听到这里有些发怒了："他配不配那是他的事，而你这样对待他是你的失礼，年轻人，你明白吗？"父亲接着又说，"孩子，你要记住，别人的污点不是你失礼的借口！"

这位父亲给孩子的教训没错，生活中总会有一些野蛮无理的斥责会刺痛我们，不假思索地"以牙还牙"也许并不是最好的办法，因为失礼时展示的是我们自己对待事物的态度，无礼地对待那些该轻蔑的人，会降低我们自己的水平，甚至还会影响到我们在善良人眼中的形象。

插话不可以张嘴就来

俗话说："听人讲话，务必有始有终。"也有无数人告诉我们不要随随便便打断别人的谈话，但是能做到这一点的人却不多。有些人往往因为疑惑对方所讲的内容，便脱口而出"这不太可能吧"，或因想表现自己的无所不知，在对方刚说出开头时便抢着说："然后……"

由于你的插话，打断了对方的思路，有时还会破坏良好的谈话气氛，更甚者还会把别人要讲的意思弄得"满拧"。总之，随便打断对方的话题是没有礼貌的行为，有时还会产生不必要的误会。相信以下的这些画面你都不陌生：

两个女孩子在一起说悄悄话，一位男士凑上去道："嘿，你们在说什么呢？"结果两个女孩表现出厌烦的表情，男士只好悻悻地走开。

某领导正兴致勃勃地给他的下属谈着他对国际形势发展的看法，眉飞色舞，滔滔不绝。这时，一个下属说："部长，你刚才说错了，那个事件的主人公不是布什，而是克林顿。"这个下属还得意洋洋地以为指出这个错误能让领导另眼相看，没想到领导脸色一变："你知道你来讲。"

某同志正在讲述报纸上看到的一条新闻，小张叫道："对，这事我知道，我来说我来说……"

如果你留心观察的话就会发现，随口插话总是会引起人们的反感，有时还会把事情弄僵，所以有人说，插嘴就像是一把"钩子"，不到万不得已时，最好不要用它。

如果你在听一个人的话时有些疑问，最好不要在他还没有说完时就轻率地问："你刚才说的这个词是什么意思？"应该等到他的话告一段落时再说："很抱歉，刚才你提到的那个词是什么意思？"

当然，在一些情况下，插话是很必要的，有时因为是一些重要事件，有时因为对方的话过于无聊，有时是因为时间所迫……不管是出于哪一种原因，插话都要插得有技巧、有水平，才能有理想的效果。

小李家的洗衣机用久了，功能减退，妻子想再买个新的，小李觉得没有必要，就一直没有同意。妻子虽然心里不乐意，但也没有办法。

一个周日，小李对妻子说："我昨天换的衣服洗了没有？我周一有重要会议，必须得穿!"

妻子说："洗衣机不好用了，昨天试了半天怎么也不进水，估计现在我给你洗了明天也干不了。"

"这个破洗衣机!"丈夫道。

"要不买个新的吧，省得耽误事。"妻子乘机插话道，"今天周末，刚好商场还打折，要买的话得赶紧决定。"

"要不就买一台吧。"小李终于动摇了。

一到商场，妻子看中一台洗衣机，虽然正在促销期，但价格仍然偏贵。

"太贵了，买一个便宜点的吧！我们再看看别的吧……"小李说。

这时服务小姐插入一句："这台洗衣机虽贵点儿，但质量好，你用个十年八年的都不会坏，你要是买个便宜的，总得修，又浪费时间又耽误事，而且这款洗衣机容积也大，你洗个大件也方便；现在在促销期，价格比平时便宜了近300元，还送一套清洁产品，挺划算的。"

妻子这时说："是呀，要是平时买比这贵不少呢，我们同事家用的就是这个牌子的洗衣机，他说质量还挺好的。"

"行，那就买一台吧。"小李终于被说动了。

聪明的妻子和服务小姐恰到好处地捕捉到了插话的时机，最终达到了目的。可见，插话也得有一定的技巧。

一般来说，打断别人的讲话插嘴时，还要注意以下几点：

（1）要选好"插话时机"。

靶要打得好，枪就得瞄得准，话要插得好，就必须选好时机。如果没有"缝"硬要往里插，那就会让人讨厌，不会有好的效果，千万别只是觉得自己有话可说就憋不住了，就不分先后地往外倒，尤其是在插话提出自己的意见或表示反对时，一定要先看准对方的心境，对方如果正在兴奋地阐述自己的观点时，不要打断他插入自己的不同意见；如果对方正针对你发泄心中的不平之气时，你要暂时忍耐一下，不要插话顶嘴。

（2）插话要插在点子上。

如果你的插话是对某人讲话的补充，那么所讲内容应与会议主题有密切的关系，并且有一定的分量。那种不会"锦上添花"或是"查缺补漏"的话最好别插，因为人家讲得好好的，你非要插一杠子，又讲得不疼不痒、不轻不重，就很可能会引起反感。

（3）听清楚别人的意思再开口。

插话前确定自己已经知道人家在说什么，不要话没说完你就急着插嘴，这样很容易曲解别人的意思，从而造成误会。

（4）注意礼貌。

不管是在何种情况下，插话都要讲究礼貌，根据场合需要，你可以小声说"对不起，我能插一句吗""不好意思，请允许我再补充一点"等语言吸引对方的注意或征得同意。在插话时，语气不要过于生硬，声音不要过大，而且所讲的内容也不宜太多。

要知道你只是配角，谈话者才是主角，插话最好能抓住重点，三言两语，言简意赅，讲完即收。

千万别尊口一开就合不住，把话头扯得老远。这样不仅会"淹没"谈话主题，还会让主讲者处于难堪境地，与会者也会感到很厌烦。

除了以上四条要注意的问题外，插话如果再讲求一些艺术，就更完美了，你可以试着让插话更具文采或者幽上一小默，让你的发言更"漂亮"。

别让过分的炫耀惹麻烦

有很多人喜欢炫耀，每每有点儿小成绩就喜欢不停地说"我如何如何……"，不停地向周围人表达自己的见解，而且还总想以成功者的身份训斥别人，想以此引来别人的羡慕和尊敬。

而事实上却往往事与愿违，如果对方是比你辈分低或地位低的人，他们会觉得你自大、骄傲，不够平易近人；如果对方是辈分或地位和你一样，只能让人家觉得你是用炫耀来表示你更优秀，从而产生反感，有时还会让对方故意与你为敌；如果对方是长辈或是比你地位高的人，那你的做法就显得更可笑了，对方一定会觉得你是一个不够稳重、难以托付重任的人。

不管是对于工作，还是对于日常的人际交往，都别急于告诉别人你的得意事，小心炫耀也会给你惹麻烦。

一次，某公司经理请一位新客户吃饭，一边谈即将开始的合作，一边聊闲天，聪明的经理想借这次聊天的机会让客户了解他的公司和他一手创办公司的经历，给客户留下一个"自己很能干"的印象。

席间，那位经理按照自己早已想好的计划开始说起来，说他们公司现在的规模多大多大，他本人本事如何如何，客户关系怎样怎样。

经理说得条理清楚，头头是道，客户也对他及他的公司有了好印象。经理以为得到了客户的认可，更加无所顾忌了，便炫耀说："其实客户关系好搞，我做业务这么多年，可以说，没有我看不懂的人，没有我搞不定的客户。"

这话一说出来，对面坐着的客户不爱听了，有点儿较真的想："我倒要看看你有多大的能力，我这个人你就搞不定，让你以后再拿什么炫耀，还敢再说大话！"

那位经理还以为这个合同签下来一定万无一失，结果，到最后他也没有搞定这个客户。

其实那位经理不是没有能力，只是因为不注意小节，炫耀的话说过了头，结果不仅没起到高大自己形象的作用，还丢了已经到手的客户，实在应该引以为戒。

在人群里，一个人爱炫耀就会锋芒毕露，必定会遭到别人的嫉恨和非议，甚至引来杀身之祸。历史上和现实生活中的这种例子比比皆是。

三国时代的杨修便是一个过分显露聪明，终为人所害的典型。杨修是个绝顶聪明的人，也很爽快，而且才华横溢，其才盖主。他为人恃才放荡，数犯曹操之忌。譬如"鸡肋"，曹操正苦闷于此，不知如何解脱，他却偏要捅穿这层薄纸，这自然就羞辱了曹操，犯了曹操的大忌，结果被曹操斩首示众。杨修之死，归咎于他的恃才傲物。

此事也给我们留下了重要的启示，但是不少人还是没有从中吸取教训，无数次地重蹈覆辙。

某部门经理小张被老板叫到办公室，老板告诉他下周将升他为副总。小张兴高采烈地回到办公室开始和大家炫耀，还对大家说："以后有事就去找我，我会照顾你们的。"然后还得意忘形地拿自己的优点与大家比了一通，"你以后得学着多和领导沟通，这一点学学我。""你以后可得补补专业知识，有不会地问我。"……同为部门经理的老许本来就觉得这次升迁不公平，现在是越来越听不下去，就到老板办公室揭露了小张曾挪用公款炒股的事。老板一听大怒，立刻取消了小张的升职令。

直到这时候小张才意识到都是自己太过张扬、太过爱炫耀引来的嫉妒。

每个人都有爱表现的心理，一个人有一定的才干本是好事，是事业成功的基础，只要显露得适时适处，就会得到他人的器重，是有施展天地的。但是如果锋芒太露，在言语上就要得罪人。

　　所以，我们也有必要学会低调做事，藏锋露拙，不要毫无顾忌地把自己的得意之事完全显露在别人面前，以免给自己惹麻烦。

说错了，就不要再错上加错

在较正式的交际场合发生口误导致失言，这是令每一个人都感到尴尬的事，有时候我们能急中生智化险为夷，完美补过，但有时候却找不到补过的妙法，此种情况下，你就只能退而求其次，淡化语言失误所造成的影响。

如果发生了失误的事情，及时改口承认错误是最基本的方法，会让你获得大家的原谅。

有一次，美国前总统里根访问巴西，在欢迎宴会上，他不小心说错了一句重要的话："女士们，先生们，今天，我为能访问玻利维亚而感到非常高兴。"

有人低声提醒他说错了，里根忙改口道："很抱歉，我们不久前访问过玻利维亚。"

其实里根是在说谎，他前不久并未真正去过玻利维亚，他这样说只是为了让自己的失误淡化。当大家还来不及反应时，他的口误就被他紧接着的滔滔言论淹没了，人们的注意力也自然被精彩的下文所吸引，谁也不会再去琢磨那句错话了。

还有一种比较高明的方法是移植法，就是把错话移植到他人头上。比如刚说过一句错话，你可以说："这是某些人的观点，我不是很认同，我觉得正确的说法应该是……""然而正确说法应是……"或者说："我刚才那句话还应做如下补充……"这样就可以将错话抹掉，把自己从某个错误中拉了出来。

对一些无伤大雅的小错，你可以"顾左右而言他"，避免直接面对错误，打个哈哈，开句玩笑，转移话题都是不错的选择。

以上几种小技巧可以帮你应付一些失言带来的麻烦。但是多数补救都难以做到天衣无缝，不留痕迹，让人感到补得言之有理、无懈可击就已经是成功了。千万不要牵强附会，或者矫揉造作，这样反而会弄巧成拙，错上加错，更不可死守自己的堡垒，死不认错。

主动认错，赢得主动权

人非圣贤，孰能无过？每个人都不可避免地会犯错误，而每个人对待错误的方式又不同。比尔·盖茨指出，许多人在犯了错时，心里总是不知所措，盘算着应否把事实隐瞒。其实，在很多时候，主动承认错误能弥补你的过失，还能让你更具亲和力。

美国前总统罗斯福就是一个勇于认错的人。

他还在纽约警备团第 18 中队当队长时，有一次，罗斯福带队练操，讲话时，他突然喊了一声："停一下！"然后，从裤袋里拿出一本教练手册来，当着全队所有人的面，找出他所要找的内容来，认真读了一遍，然后对警员们说："刚才我做错了一点，本来应当是这样做的。"他这样极端诚恳的态度让很多人都为之感动。

在他当纽约市市长的时候，在一次更为严重的情形中，他也显示出了这种特性。经过他提议和努力的一个议案在国会通过之后，他发现自己的判断错了，便主动地承认自己的失误。"我感到很惭愧，"他当着国会议员的面承认说，"当我极力赞成这项议案的时候，我当初确实是有一点隐衷的，我不应当这样做。而我之所以会这样，部分原因是我的报答之心，是依从纽约人民的意愿。"

罗斯福从不寻找托词为自己开脱，他直率地承认自己的错误，并尽量去纠正它。他的这种做法得到了许多人的钦佩。

有时候，我们还会遇到自己的错误被人指责的情况，这时主动认错通常要比激烈争辩好得多。主动地承认错误，不仅更容易让对方原谅你，而且他还有可能和你站在一条阵线上帮你说话。

戴尔·卡耐基曾经亲身经历过类似的事情。在离戴尔·卡耐基的家不远的地方，有一片茂密的森林。每天清晨，卡耐基会带着自己的小波士顿斗牛犬去森林遛遛。由于清晨时到这个森林公园的人非常少，卡耐基不愿意给这只小狗系上狗链或戴上口罩。在他看来，这只小狗是个善解人意、友好和蔼的朋友。然而，其他人未必这么看。

有一天，天气很好，金色的阳光透过茂密的树叶斜照在森林深处，卡耐基带着小波士顿斗牛犬悠闲地溜达着。恰在此时，一个巡逻的警察路过，他不愿意卡耐基这样无视他的存在，于是他让卡耐基停下："你为什么让你的狗跑来跑去，不给它系上链子或戴上口罩，难道你不知道这是违法的吗？"

"是的，我明白。我想，它不会伤害其他人的。"卡耐基温和地解释道。

"那只是你的想象，可是法律没有这样规定。根据我的经验得知，有许多松鼠和小孩都曾经在这样的小狗嘴巴下受伤。你必须注意。这次我看就算了。但是，如果下次我再看见它没被系上狗链或套上口罩的话，你的麻烦就大了。"

至此之后，卡耐基按照警察的意思照办了，反复几次之后，卡耐基发现，小波士顿斗牛犬并不喜欢狗链或者口罩，而且他此后也没有遇上那个巡警。于是，卡耐基放松了警惕，渐渐又恢复如初了。

几天之后，卡耐基依旧带着自己的小波士顿斗牛犬在山坡上散步。无巧不成书，那个巡逻的警察刚好也在此路过，冤家狭路相逢，明显这样的情况不可以装作视而不见，也来不及立即给小波士顿斗牛犬戴上狗链或者口罩。

卡耐基的做法是先发制人。他连忙说："警官先生，我可被你抓了个正着。我知道，我犯了错误，我也没有任何借口。您已经警告过我，说如果我再把小狗带出来而不给它戴口罩，您就要罚我。"

"好说，好说。"没想到这个巡警的声调非常柔和，"我也非常理解你，在周围没人的时候，谁都愿意让自己的小狗自由自在地奔跑。"

"是这样的，"卡耐基回答，"但是，这显然违法。"

"不过，我看这条小狗长得这么可爱，不太可能会咬人吧?"这个巡警反而成了卡耐基的辩护律师。

"但是，它对小动物还是有一些危险的。"卡耐基继续自责。

"也许吧，但是，我们也不需要把事情想象得那么严重。"这个巡警继续为他开脱，"不如这么办。你快点儿把它带到那座小山的后面，这样我就看不到它了，事情就算结了。"

从这样的事中卡耐基得到一个结论，赶在对方开口之前主动承认错误很容易能得到对方的原谅。

如果我们意识到我们可能会遭受他人的责备，我们不如早一步承认自己的错误，不管怎么说，这时你已经掌握了主动权，还能掌握其中的分寸；若是他人先开口批评我们，往往事态就不好控制了。

勿在人后说长论短

　　生活中，总有人喜欢道人是非，某某怕老婆、某某不孝顺、某某爱赌博、某某爱拍马屁……也不知他们怎么总是有那么大的精力能从四处搜集那么多五花八门的消息，反正他们一天到晚都在议论别人的是与非。

　　他们总觉得别人会做他们的义务保密员，总以为他说过的是非当事人并不知道，还常常困惑为什么别人越来越不爱搭理自己。其实，那些他说出的是是非非早已传到人家的耳朵里，想收回去就没有那么容易了。

　　有一个村子里住着一个喜欢说人是非的女人，全村的老老小小、鸡羊猪犬都被她说了个遍，终于惹得村民愤怒，想把她赶出村子以图个清静。

　　女人哭哭啼啼地去找村长："我并没有杜撰故事啊！只是有时有那么一点儿夸张啦，我只是把事实稍微修饰一下，使它更有声有色而已。但我只是在别人背后说说，他们自己又听不到，还谈不上伤害人吧！"

　　"你也承认你说过这些话了，那好吧！别人会不会知道，会不会受到伤害我们先不说，但是现在我必须命令你做一件事。"说着，村长走出房间，一会儿拿回了一个大袋子，对那个女人说："你拿着这个袋子，到广场后打开袋子，一边把袋子里的东西摆在路边，边摆边往家里走，等你到家以后，回头沿路把东西收齐，再回到广场。"

　　女人接过袋子，按照村长的话去做。一到广场，她就迫不及待地打开袋子，一看里面装的竟是一大堆羽毛。女人心里纳闷为什么村长让她做这事，一边想，一边走，一边把羽毛摆在路边，当她走进家门时，袋子刚好空了。然后她又提着袋子，一边往回走一边捡，可是，路边的羽毛早已经被风吹得没剩下多少了。女人赶快把这些可怜的羽毛都捡起来，然后去向村长报告："我保证我是按照你说的去做的，可是我回来的路上只收回了这几根羽毛。"

"你现在明白了吗?"

"明白什么?"

村长说，"所有的你所说出的那些闲话，都像这袋子里的羽毛一样，一旦从嘴里溜出去，就很难再收回了。"

女人这时才恍然大悟，从此以后再也不对人说三道四了，慢慢地，她和大家都成了朋友。

在我们的谈话中，有90%是闲聊，许多人闲聊的话题是议论和诽谤别人，多数人都觉得，谈话之中如果少了评头品足，就好像再也找不到好的话题了，其实天上星河、地上花草无一不是谈论的好题材，不一定非得说东家长、道西家短才能消遣时间。

当然，人们最大的兴趣除了自己就是别人，这也并没有什么错，所谓不说人"闲话"并不是要求你绝口不提及他人，只是要强调，一旦你发现自己想要说些不愉快的事情时，想想这个羽毛的故事。

要是有人向你说某人的"闲话"时，你唯一的办法就是听了就算，不要相信这片面之词，更不要记在心上，让这些秘密烂在你心里，千万不可做传声筒，否则就是自找麻烦。

甲、乙、丙三人本来是大家公认的"铁三角"好朋友，但有一次，为了一些小事甲乙两人闹得很不愉快，平时见面不说话，背地里都拼命地说对方的坏话。

丙在其中自然"享受"了不少"优待"，这些话本都是在气头上，不免都说得过头了一些，而丙恰恰正是喜欢说闲话的人，于是他在甲面前把乙说的话原本复述，又跑到乙面前如法炮制，还在其他人面前把甲乙二人的矛盾添油加醋地议论一番，结果所有认识他们的人都知道了这件事。

过了几天，甲乙二人的误会解除了，慢慢恢复了友谊。不过，他们却从别人的嘴里得知，在这件事情中，他们的好朋友丙扮演了怎样一个不光彩的角色，于是他俩找丙大吵了一架，从此丙失去了甲乙两个好朋友，还被大家公认为是挑拨离间的小人，谁也不理他了。丙的下场很悲惨，这一切都是因为他爱说人闲话造成的。

闲话的威力作用之大，足以隔离亲近的朋友。所以，面对它们时真的要小心一些，自己绝口不提，还得提防那些对你说闲话的人。

替人解围，不在背后做"和事佬"

及时救场，替人解围，缓解人和人之间的矛盾，这是大家公认的好习惯，我们都希望身边能有这样的朋友。

同时，我们也希望自己能成为这样的人，给朋友们以安全感。有人认为给人调和矛盾做个"和事佬"是最简单的解围方法，其实他们远不知当"和事佬"也是很有学问的，万一掌握不好，不仅无法"和事"，连自己的名声都会受影响。

甲和乙是同一家公司的同事，在工作上，他们是公认的"黄金搭档"，在生活上，他们也是互相照顾，彼此为"两肋插刀"的好朋友。

平日里，两人关系极好，无论人前人后，都互相维护彼此的面子，不管何时都会为对方"仗义执言"，为老友寻个公道，真可谓荣辱与共。

可一段时间以后，他们两人不那么亲密了，平时也很少见两人一起出出进进，有时，他们竟然还会在其他同事面前大加数落对方的不是。

丙是两个人共同的好友加同事，几天里，没少听到两人跟他发牢骚，丙觉得这二人都把自己当亲近者诉说"心里话"，是把他当朋友，而自己也应该对得起他们的信任，应该出面替他们双方调和，让他们重新和好，最终化干戈为玉帛，自己不仅能落个"和事佬"的好名声，也能为自己攒一笔人情债。

丙打定主意以后，先将甲请到自己家替乙"承认错误"，说好话，表达"和好"之心，又请乙家到家里做客，做"自我批评"，请求"谅解"。

丙觉得自己这事办得非常漂亮，那两位肯定会马上和好并对自己感激之至。没想到等了数天，两人倒是和好如初了，对丙却没有丝毫谢意，反而都对他冷淡下来，并且在同事中还流传着丙喜欢挑拨离间的传言，丙真是伤心至极。

过了很久，丙才明白了一个道理：办公室里的是是非非天天都有，连夫妻都免不了有闹别扭吵嘴的时候，更何况是朋友、同事，互相指责对方不是，仅仅是发泄一下心中不快，也并非解不开的深仇大恨。

这时他才意识到自己的错误，虽然是出于好意，可自己的做法让甲乙二人觉得他是个典型的"两面派"，不值得深交。而那两人间的矛盾也随着时间慢慢冲淡了，不需多久又"求同存异，一致对外"了。

丙的教训是惨痛的。同事、朋友之间，有太多的微妙关系存在，免不了有竞争，甚至斗争，也许你的确是出于一片好心，去帮人重拾友情，但人情之复杂，各种事件的掺杂，你所知道的信息仅仅是片面之词。

这时，你为了不让别人失面子、难为情，就自作主张背着对方做"和事佬"是很难能有好效果的，有时还可能引起双方新的误会，使你在无意之中变成"小人"。

那么，我们面对这些事情应该怎么做呢？

当有同事、朋友在你面前大吐苦水，大骂某人时，最明智的态度就是倾听，这时候你既要表现得真正关心对方，又要注意"置身事外"的原则，要记住只听不问，尤其不要追问事件的前因后果。

因为一旦成了"知情人"，你的麻烦可能就大了，万一哪天不小心走漏了风声，你就可能被猜疑，而且闲话一传就会走样，到时你有口也说不清了。

若是此人一向与自己十分要好，心疼对方难过的样子，那你不妨献些小计，或者请双方一起吃个饭，当面协调，这样三人都在，就不会出现误会了。

　　但千万要记住，替人解围，不要背着对方去做"和事佬"，这样不仅得不到对方的感激，反而会招惹是非，要知道是非背后麻烦多啊！